广视角·全方位·多品种

权威·前沿·原创

**皮书系列为
"十二五"国家重点图书出版规划项目**

内蒙古蓝皮书
BLUE BOOK OF
INNER MONGOLIA

内蒙古反腐倡廉建设报告 No.1

INNER MONGOLIA'S ANTI-CORRUPTION REPORT
(No.1)

主 编／张志华 无 极

社会科学文献出版社
SOCIAL SCIENCES ACADEMIC PRESS (CHINA)

图书在版编目（CIP）数据

内蒙古反腐倡廉建设报告. 1/张志华，无极主编. —北京：
社会科学文献出版社，2013.12
（内蒙古蓝皮书）
ISBN 978 - 7 - 5097 - 5439 - 9

Ⅰ.① 内…　Ⅱ.①张…　②无…　Ⅲ.①廉政建设 - 研究报告 -
内蒙古　Ⅳ.①D630.9

中国版本图书馆 CIP 数据核字（2013）第 303381 号

内蒙古蓝皮书
内蒙古反腐倡廉建设报告 No.1

主　　编／张志华　无　极

出 版 人／谢寿光
出 版 者／社会科学文献出版社
地　　址／北京市西城区北三环中路甲 29 号院 3 号楼华龙大厦
邮政编码／100029

责任部门／皮书出版中心（010）59367127　　　　　责任编辑／高振华
电子信箱／pishubu@ ssap. cn　　　　　　　　　　责任校对／李　腊
项目统筹／邓泳红　　　　　　　　　　　　　　　　责任印制／岳　阳
经　　销／社会科学文献出版社市场营销中心（010）59367081　59367089
读者服务／读者服务中心（010）59367028

印　　装／北京季蜂印刷有限公司
开　　本／787mm×1092mm　1/16　　　　　　印　　张／14.25
版　　次／2013 年 12 月第 1 版　　　　　　　　字　　数／151 千字
印　　次／2013 年 12 月第 1 次印刷
书　　号／ISBN 978 - 7 - 5097 - 5439 - 9
定　　价／69.00 元

《内蒙古反腐倡廉建设报告》
编辑委员会

主要编撰者简介

张志华 内蒙古社会科学院副院长。研究方向为政治学与文化学，研究成果多种，曾提出"事业与产业并举，特色与品牌共赢"的民族文化大区建设理念，为内蒙古自治区领导和专家所广泛采用。

无 极 内蒙古社会科学院政治学与法学研究所所长、研究员。研究方向为哲学、政治学与文化学，研究成果多种，率先提出"草原是一种文化"的命题和草原文化原初、开放、征服、兼容、自然生态"五个特征"的观点，首创草原文化产业化概念。

摘　要

《内蒙古反腐倡廉建设报告 No.1》是内蒙古社会科学院编撰的第一部反映内蒙古自治区反腐倡廉建设历程、经验和做法的学术研究成果。全书由总报告、分项报告、区域报告、个案追踪、社会反响及附录等六大部分构成，从我国当前反腐败斗争形势日益迫切和任务日益繁重的客观需要出发，详尽解剖了反腐倡廉建设全局中的一个局部、一个横断面和一个"细胞"。

总报告遵循中央关于预防和惩治腐败的重大决策与战略部署，分别从内蒙古反腐倡廉建设总体思路、战略布局和建设目标，反腐倡廉建设所采取的主要举措，反腐倡廉建设所进行的具体实践，反腐倡廉建设所取得的积极成果以及进一步推动反腐倡廉建设向纵深发展等 5 个方面，对内蒙古反腐倡廉建设历程、经验和做法，作了整体性审视、系统性阐述和前瞻性思考。特别总结了内蒙古坚持"三个体系"基础建设、"三位一体"工作格局、"三管齐下"运作方式、"三建联动"建构策略、"三制创新"现代思维等反腐倡廉建设新思维和新路径，并提出若干具有较强针对性的对策和建议。

分项报告根据内蒙古反腐倡廉建设具体实际，分别从反腐倡廉宣传教育、监督检查、惩治查处、纠正不正之风、改革与制度建设等 5 个关键环节，作了全面研究和分析。

区域报告结合内蒙古自治区各盟市反腐倡廉建设经验和做法，分别就政务公开、村民代表会议常设制、廉政风险防控、草牧场排查清理、电子效能监察等5个典型，作了深入解剖。

个案追踪以"阳光招生"为例，对内蒙古普通高校网上招生录取工作作了详尽介绍。

社会反响则从民意调查入手，根据来自群众的声音，对2012年内蒙古自治区党风廉政建设作了科学评估。

附录为《内蒙古自治区贯彻落实中共中央〈建立健全惩治和预防腐败体系2008～2012年工作规划〉实施办法》，以窥视内蒙古自治区具有民族特色和地区特点的反腐倡廉建设全貌。

Abstract

Inner Mongolia's Anti-corruption Report NO. 1, compiled by Inner Mongolia Academy of Social Sciences, is the first academic research results featuring anti-corruption process, experience and practice in Inner Mongolia autonomous region. The book consists of 6 parts, the general report, item report, regional reports, case tracking, societal responses and appendix. Based on the real and urgent need of the current situation of anti-corruption struggle, it analyses the anti-corruption endeavor in an all-round way.

In line with the major decisions by and strategic orders of the CPC Central Committee on corruption prevention and punishment, Keep Power in the Cage of Institutional Checks, the general report, gives a holistic review, systematic elaboration and prospective thinking on Inner Mongolia's anti-corruption process, experience and practice from five aspects, namely, the masterplan, strategic layout and goals of Inner Mongolia's anti-corruption campaign, major measures in fighting against corruption, concrete practice, achievements of anti-corruption efforts and further steps to combat corruption. The general report particularly summarizes Inner Mongolia's new ways and new ideas in combating corruption and encouraging integrity, including adhering to the "three system" infrastructure construction, "the Trinity" work pattern, "three pronged" approach to operation, "three linkage" strategy, "three system innovation", and puts forward some pertinent countermeasures and suggestions.

Based on the real situation of anti-corruption practices in Inner Mongolia, the partial report makes a comprehensive analysis and study on anti-corruption education, supervision and inspection, punishment, malpractice correction, reform and institutional building.

In light of the experience and practice of Inner Mongolia in combating corruption and encouraging integrity, the regional report conducts a thorough analysis on making government affairs public, electronic performance monitoring, thepermanent system of villager's representative meeting, corruption risk prevention and control, and problems of pasture management and alean-up.

Case tracking makes fine elaboration on online college recruitment in Inner Mongolia by citing "The Sunshine Enrollment Program" as an example.

Societal responses gives a scientific evaluation of the conduct of the CPC in Inner Mongolia autonomous region and the building of a clean and honest government in 2012 according to the voices of the people collected through the polls.

The appendix features the measures of Inner Mongolia autonomous region in implementing the CPC Central Committee's "Work Plan for 2008 – 2012 on Establishing and Improving the System of Corruption Punishment and Prevention" with a view to reflect the whole picture of Inner Mongolia's ethnically and regionally distuinct endeavor to combat corruption and encourage integrity.

译者：史卉

目 录

BⅢ　区域报告

皮书数据库阅读**使用指南**

CONTENTS

ℬ I   General Report

ℬ II   Topical Reports

B Ⅲ　Regional Reports

总 报 告

General Report

B.1

把权力关进制度的笼子里

张志华　无极

摘　要：

遵循中央关于预防和惩治腐败的重大决策与战略部署，分别从内蒙古反腐倡廉建设总体思路、战略布局和建设目标、反腐倡廉建设所采取的主要举措、反腐倡廉建设所进行的具体实践、反腐倡廉建设所取得的积极成果以及对进一步推动反腐倡廉建设理性思考等5个方面，对内蒙古反腐倡廉建设历程、经验和做法，作了整体性审视、系统性阐述和前瞻性思考。特别总结了内蒙古坚持

"三个体系"基础建设、"三位一体"工作格局、"三管齐下"运作方式、"三建联动"建构策略、"三制创新"现代思维等反腐倡廉建设新思维和新路径，并提出若干具有较强针对性的对策和建议。

关键词：

内蒙古反腐倡廉建设思路　布局　目标　举措
实践　思考

一　内蒙古反腐倡廉建设总体思路、战略布局和建设目标

2008 年 5 月 13 日，中央印发《建立健全惩治和预防腐败体系 2008～2012 年工作规划》（以下简称《工作规划》）不久，自治区党委、政府和纪委在着力推进《实施纲要》的实施进程并已取得明显成效的基础上，立足内蒙古经济持续快速发展的区情和经济社会发展中面临的问题，及时出台《内蒙古自治区贯彻落实中共中央〈建立健全惩治和预防腐败体系 2008～2012 年工作规划〉实施办法》（以下简称《实施办法》）、《〈内蒙古自治区贯彻落实中共中央《建立健全惩治和预防腐败体系 2008～2012 年工作规划》实施办法〉分工方案》（以下简称《分工方案》）、《内蒙古自治区惩治和预防腐败体系建设 2008～2012 年重点部门主要工作任务台账》（以

下简称《任务台账》），在全国率先下发《内蒙古自治区惩治和预防腐败体系建设工作监督检查、考核评价及结果运用、责任追究暂行办法》（以下简称《暂行办法》）等一系列相关文件和政策措施，进一步确立内蒙古反腐倡廉建设总体思路、战略布局和具体目标，并提出相应的时间表和路线图。

其总体思路为，按照中央《工作规划》中"围绕中心、服务大局，改革创新、开拓进取，惩防并举、重在建设，统筹推进、综合治理，突出重点、分类指导"的八项基本要求，一是坚持科学发展和社会和谐的出发点，站在全区经济社会发展和党的建设全局的高度，谋划落实反腐倡廉建设的各项工作与任务，既要发挥推动和促进作用，又要把反腐倡廉落到实处；二是坚持惩防并举和防治结合的切入点，紧紧抓住腐败现象易发多发的重要领域、核心部位和关键环节，将坚决惩治与有效预防有机结合起来，做到惩治和预防两手抓两手都要硬，提升反腐倡廉工作的执行力；三是坚持深化改革和制度创新的着力点，以发展的思路和改革的办法，健全和完善反腐倡廉领导体制、机制和制度，不断加大从源头上预防和治理腐败的力度；四是坚持突出重点和整体推进的关键点，以领导干部为重点、以规范和制约权力为核心、以预防违纪违法为目的，综合发挥教育、制度、监督、改革、纠风、惩处的集约效应，将反腐倡廉步步引向深入；五是坚持因地制宜和分类指导的节拍点，正确处理战略性目标与阶段性目标的关系，增强惩防体系建设的针对性、管用性和长效性，使党风廉政建设和反腐败斗争取得更大成效。

其战略布局为，在更加注重治本、更加注重预防、更加注重制度建设的反腐倡廉建设理念指导下，以"三个环节"基础建设、"三建联动"构建策略、"三管齐下"运作方式、"三制创新"现代思维为主要举措，把教育的说服力、制度的约束力、监督的制衡力、改革的推动力、纠风的矫正力、惩治的威慑力形成整体合力，积极推进教育、制度、监督、改革、纠风、惩处等各项反腐倡廉工作，努力形成具有内蒙古民族特点和地域特色的、符合自治区经济社会快速发展需要的和全区各地各部门相互配合、齐抓共管、上下联动、协调发展的反腐倡廉战略布局，使党风廉政建设和反腐败斗争逐步走上体系化、制度化和法制化的轨道。

其具体目标为，从 2008 年起，经过五年坚持不懈的努力，建成内蒙古自治区惩治和预防腐败体系基本框架，初步建立拒腐防变教育长效机制、健全反腐倡廉法规制度和形成权力运行监控机制，深化从源头上防治腐败的体制、机制和制度改革，把权力关进制度的笼子里，党风政风明显改进，腐败现象进一步得到遏制，人民群众的满意度有新的提高，为建设富强、民主、文明、和谐的内蒙古保驾护航，更加有力地促进内蒙古经济社会又好又快向前发展。

二 内蒙古反腐倡廉建设所采取的主要举措

整个"十一五"乃至进入"十二五"以来，是加快推进中国特色社会主义伟大历史进程和全面建设小康社会的关键时期，也是内蒙古经济社会步入高速发展"快车道"的重要战略机遇期。内蒙古党委、政府在"一心一意谋发展，全力以赴保增长"的同时，高度重视反腐倡廉建设，更加自觉地把反腐倡廉建设与中国特色社会主义伟大事业和党的建设新的伟大工程有机结合在一起，把反腐倡廉建设作为党的执政能力建设和先进性建设的一项重要内容列入重要议事日程和全区经济社会发展总体规划，同经济社会发展这个执政兴国的第一要务一起部署、一起落实、一起检查、一起考核，贯穿于全区经济、政治、文化、社会以及生态文明建设各项事业的全过程。在实践中，自治区惩治和预防腐败体系建设工作领导小组充分认识党风廉政建设和反腐败斗争的长期性、复杂性和艰巨性，并根据反腐倡廉建设面临的新形势、新情况和新问题，紧密结合发展变化中的区情、国情和党情实际，主要采取了以下六条举措。

（一）坚持"三个环节"基础建设，把责任体系、任务体系、监督体系建设作为反腐倡廉建设首要任务分工到人、落实到位

根据中央《工作规划》"围绕中心、服务大局"的要求和原则，分别以反腐倡廉为抓手、以落实工作规划为要务、以实行监督检查为措施，把责任体系、任务体系、监督体系作为反腐倡廉建设的一项基础建设来抓，在全区范围内初步确立反腐倡廉建设基本框架，并使之开始就步入体系化范畴、制度化建构和法制化轨道。

首先，通过印发《内蒙古自治区贯彻落实中共中央〈建立健全惩治和预防腐败体系 2008～2012 年工作规划〉实施办法》等一系列指导性文件，全面而详尽地阐明了自治区反腐倡廉建设的指导思想、工作原则、建设目标、主要任务和重点措施，健全和充实了反腐倡廉建设工作机构和工作力量。明确要求自治区各盟市、各部委办厅局和各人民团体党委（党组）作为反腐倡廉建设的责任主体，健全和充实以党委（党组）主要负责人为组长的反腐倡廉建设领导小组和专门工作机构，党委（党组）书记作为履行反腐倡廉建设第一责任人，与党委（党组）成员分工协作，共同担负起领导反腐倡廉建设的政治责任，将反腐倡廉建设列入领导干部责任考核的职责范围和责任内容，认真执行党风廉政建设责任制，以建立责任体系。

其次，在学习宣传和贯彻落实中央《工作规划》的过程中，自治区纪委把推进反腐倡廉建设作为党所赋予的神圣职责和重要职能，在全国纪检监察系统率先实行重大事项和重要干部任免票决制，并制定自治区纪委监察厅机关、党委巡视机构、派驻机构及盟市系统干部任免规程等一系列相关制度规定，为严格纪检监察系统内部监督提供制度保障。除主动配合自治区党委、政府抓紧抓好贯彻中央《工作规划》的实施办法、分工方案和任务台账的制定、分解与落实外，同时要求各基层纪委积极协助各地各部门结合实际，进一步分别制定、分解与落实适应本地区、本部门的工作细则、分工方案和任务台账，提出具体执行标准、落实措施和完成时限，最终逐项落实到部门、单位和责任人，以建立任务体系。

最后，在中纪委《关于推进惩治和预防腐败体系建设的检查方法（试行）》出台之前，自治区纪委会同自治区党委组织部率先联合下发《暂行办法》，制定和完善督察机制、考评机制和奖惩机制，采取地方和部门自查、定期检查、随时抽查和年终考核等行之有效的方式，全面检查反腐倡廉建设的贯彻落实情况，并把贯彻落实情况列入党风廉政建设责任制和各级领导班子和领导干部的考核评价范围，作为考核各级领导班子和领导干部实绩评定和奖惩任用的重要依据，对完不成任务的有关人员除按规定追究责任外，实行"一票否决"制，即领导班子执行党风廉政建设责任制情况年度考核达不到"突出"的，其年度工作实绩考核不能评为"突出"；领导干部执行党风廉政建设责任制考核结果达不到"优秀"的，其年度工作实绩考核不能评为"优秀"，连续两年考核结果为"差"的予以调整或免职，以建立监督体系。

（二）坚持"三位一体"工作格局，使党政机关、国有企事业单位、农村牧区基层组织反腐倡廉建设横向到边、纵向到底

根据中央《工作规划》"突出重点、分类指导"的要求和原则，分别以领导干部为重点，以规范和制约权力为核心，以预防违纪违法为目的，紧紧抓住腐败现象易发多发的重要领域、核心部位和关键环节，把党政机关、国有企事业单位、农村牧区基层组织密切相关的"三位"更加紧密地连为"一体"，整体推进全区反腐倡廉建设的各项工作，使之进一步达

到一体化、规范化和科学化。

党政机关是党和国家的权力要津。针对各级党政机关特别是涉及行政审批、资源开发、土地出让、工程建设、资金管理、政府采购等重要部门及其权力运行，在深入开展领导干部理想信念和廉洁从政教育、党的作风和纪律教育，同时健全和完善党内民主与党内监督制度、科学决策与民主决策制度以及反腐倡廉领导体制和工作机制的前提下，重点加强对领导干部特别是各级领导班子主要负责人的监督，加强对遵守党的政治纪律情况的监督，加强对贯彻落实科学发展观情况的监督，加强对执行民主集中制情况的监督，加强对落实领导干部廉洁自律规定情况的监督，加强对干部人事权行使的监督，加强对行政审批权和行政执法权行使的监督，加强对司法权行使的监督，加强对财政资金、金融和国有资产的监管，加强对矿产资源开发和土地征收征用、生态建设、环境保护的监管。

国有企事业单位是经济社会发展的重镇。抓住国有企事业单位投资决策、资本运营、产权交易、产品营销、改制重组及企业领导薪酬和职务消费等经营管理的关键环节，不断深化国有企业改革、财税、金融和投资体制改革、现代市场体系建设及相关改革，充分发挥国有资产监督管理机构、政府职能部门和外派监事会的作用，开展对国有企业重大决策、重大项目安排、大额资金运作事项及重要人事任免等实行集体决策情况的监督检查，加强对企业国有产权和上市公司国有股权交易的监管，加大对企业重组、改制、破产、资产评估、产权变更和国有资本运营各个环节的监管力度。

农村牧区基层组织是名副其实的战斗堡垒。围绕社会主义新农村、新牧区建设，积极推动以村民会议、村民代表会议为主要形式的村级民主决策制度的健全和完善，推行民主协商、民主恳谈、民主听证等民主议事方式的运用和展开，推进基层民主建设和民主管理。认真治理少数基层干部参与赌博、拉票贿选、徇私舞弊以及侵占集体经济组织土地补偿费和农民安置补偿费等不良现象，形成教育更有特色、制度更为可行、监督更加到位、改革更具活力、纠风更显有力、惩处更多威力的崭新格局。

（三）坚持"三建联动"建构策略，使整体构建、行业构建、联合构建形成反腐倡廉建设各具优势、全盘皆活的局面

根据中央《工作规划》"统筹推进、综合治理"的要求和原则，分别以整体构建要广度、以行业构建要深度、以联合构建要力度，并以整体构建、行业构建、联合构建"三建联动"为基本建构策略，把各地、各部门和各级纪检监察机关的惩防体系建设行动衔接起来、连通起来、互动起来，使之更具互补性、系统性和完整性。

整体构建以地方为主体。各地大胆抓住腐败现象易发多发的各个重要领域、核心部位和关键环节，重视把握各种体制、机制和制度之间的相互关系，大刀阔斧地展开党风廉政建设和反腐败斗争。特别是随着全区经济社会快速发展、资源开发力度逐年加大、重大工程项目日益增多、政府投资数额持续攀升和各种利益格局不断调整，对权力最为集中、关系最为直接、

利益最为巨大也最有可能成为一些领导干部追求权力"寻租"而导致腐败的"三重一大"即重大决策、重要干部任免、重大项目安排和大额资金使用事项,一是科学界定事权范围,进行分权制约;二是严格规范决策程序,进行流程制约;三是切实加强制度建设,进行刚性制约;四是强化监督检查措施,进行监管制约。还有,在建设服务型政府、责任政府、法治政府、廉洁政府的过程中,牢牢抓住深化行政审批制度改革这一关键,锐意探索决策权、执行权、监督权既相互制约又相互协调的权力结构和运行机制,积极构建以盟市政务服务中心、旗县区政务服务中心、社区乡镇政务服务站为载体和以"政务公开、集中审批、电子监察"为模式的三级公共政务服务体系,有效提升公共政务服务水平,以全面拓展全区反腐倡廉建设全覆盖的广度。

行业构建以部门为主体。各部门紧密结合本系统相关实际和本行业具体特点,抓住容易滋生腐败现象的关键环节、特殊岗位和错综复杂的人际关系,不断深化干部人事制度、行政管理体制和社会管理体制改革,建立权力运行风险识别、监测、控制和预警机制,健全由制度、流程和权力运行风险点也即权力关键控制点同构的风险管理体系,完善"人人有制度约束,事事有流程管理,行行有风险规范"的动态监管态势,以达到全区反腐倡廉建设无缝隙的深度。

联合构建以各级纪检监察机关为主体。各级纪检监察机关发挥独具的执纪执法功能和组织协调作用,整合纪检、审判、检察、公安、监察、审计等各职能部门的优势和长处,综合运用法律、纪律、行政和经济等手段与措施，逐步构成对专项工作、重大任务的攻坚力量以及对大案要案的整治力度，以集中全力解决跨地区、跨部门的热点、焦点和难点问题。

（四）坚持"三管齐下"运作方式，使教育说服、制度约束、监督制衡显现反腐倡廉建设的集约张力和综合效应

根据中央《工作规划》"惩防并举、重在建设"的要求和原则，分别以教育说服为基础、以制度约束为保证、以监督制衡为关键，并以教育说服、制度约束、监督制衡"三管齐下"为主要运作方式，把互为依存、互为影响、互为促进的"三管"统一于反腐倡廉工作之中，使之更具集约张力、综合效力和执行力。

教育是制度和监督的基础。广大党员特别是领导干部，通过认真学习中国特色社会主义理论体系，学习以党章为核心的一系列党内法规制度和以宪法为核心的一系列国家法律法规制度，打牢和筑就廉洁从政的思想政治基础。各级党政领导班子带头学习反腐倡廉建设理论，党委（党组）理论中心学习组每年至少安排两次反腐倡廉建设理论专题学习，旗县以上党政主要负责人每年在一定范围内讲一次反腐倡廉建设党课，纪委书记每年在当地党政机关主要负责人范围内作一次反腐倡廉建设形势分析报告。各级党组织每年组织一次反腐倡廉主题教育活动，不断增强党员干部的反腐倡廉意识。同时，加强面向社会的反腐倡廉宣传教育，加强反腐倡廉教育基地建设，加强廉

政文化建设，开展丰富多彩的廉政文化创建活动，积极营造反腐倡廉建设浓厚的思想、文化与舆论氛围，切实解决领导干部"不想"腐败的问题。

制度是教育和监督的保证。各级党政领导班子，严格履行党的基本理论、基本路线、基本纲领和基本方针，建立健全党委集体领导、常委会分工负责、权责边界清楚、决策体系科学的领导体制和工作机制，认真坚持公众参与、专家论证和政府决定相结合的民主决策与科学决策机制。对涉及经济社会发展全局的重大事项，广泛征询意见，充分协商和协调；对专业性、技术性较强的重大事项，进行专家论证、技术咨询和政策评估；对与群众利益相关的重大事项，实行社会公示制度和社会听证制度，促进重大决策的民主化、程序化和科学化。有序推进基层党组织领导班子候选人的提名制度和选举方式，逐步扩大"战斗堡垒"的直接选举范围，保障党员的知情权、参与权和监督权。同时，完善党内民主和党内监督制度、反腐倡廉法规制度和有关违法乱纪行为的惩处制度，切实解决领导干部"不能"腐败的问题。

监督是教育和制度的关键。要求各级领导班子主要负责人，自觉遵守党的政治纪律、组织纪律、经济工作纪律和群众工作纪律，不断增强政治意识、政权意识、责任意识和安全意识，在思想上、政治上、行动上坚决维护中央权威和党的集中统一，始终同党中央保持高度一致，坚决防止和制止违背科学发展观的行为。重点治理领导干部违纪插手招投标、土地出让、产权交易、政府采购等市场交易活动，违规收送现金、有价证券、支付凭证和收受干股，利用职务上的便利获取内幕信息进行股票交易和利用婚丧嫁娶、子女升学、乔迁、贺寿甚至赌博等形式收钱敛财，以及在住房和配偶、子女个人从业上以权谋私，不断加大打击违纪违规违法力度。科学防范考察失真和干部"带病提拔"、跑官要官、买官卖官，进一步规范公务员和事业单位职员考试录用以及专业技术职称评定和军转安置等工作，整治用人上的不正之风。推行行政审批电子效能监察，实行接办分离和程序公开，保证行政权力依法、公正、透明。防止、发现和纠正执法不严、司法不公，确保维护社会公平正义。提升审计监察等监督机构的专业性和独立性，对部门预算、国库集中收付、政府采购、政府非税收入和"收支两条线"规定执行情况严加核查。发挥各监督主体的作用，加强和改进党内监督，支持和保证人大监督、政府专门机关监督、司法监督、政协民主监督、群众监督和舆论监督，形成强大的监督合力，切实解决领导干部"不敢"腐败的问题。

（五）坚持"三制创新"现代思维，使体制创新、机制创新、制度创新更富于反腐倡廉建设的"源头"意识与"治本"品格

根据中央《工作规划》"改革创新、开拓进取"的要求和原则，分别以发展的思路为先机、以改革的办法为驱动、以创新的精神为动力，并在体制创新、机制创新、制度创新"三制创新"上下功夫，不断铲除滋生腐败的土壤和条件以及腐

败蔓延的生成动因，使之更富于前瞻性、预见性和"源头"意识与"治本"品格。

"三制创新"以人为本。改革干部选拔任用提名、个人有关事项报告和责任追究制度，按照民主、公开、竞争、择优的用人原则，推行地方党委讨论任用重要干部无记名投票表决的办法，逐步推广差额推荐、差额考察、差额表决的做法，采取公开选拔、竞争上岗、差额选举等方法，增强民主推荐、民主测评的科学性和真实性，完善干部选拔任用的监督机制。改革干部考核评价体系、考核结果反馈和向同级纪委通报制度，把平时考核和定期考核结合起来，进一步规范考核内容和考核方式，扩大考核民主和群众参与考核，将廉政情况作为考核的一项基本评价指标，充分发挥考核结果在干部任用和监督管理中的作用，完善干部考核的监督机制。改革领导干部职务任期、回避、交流和县级以上领导干部离任交接制度，加大对县级以上地方党政领导班子、行政执法机关、司法机关和管理人财物部门主要负责人定期交流力度，完善领导干部交流和离任的监督机制。改革公务员考试录用、考核奖惩和事业单位人员聘用制度，改革严重违规用人立项督察制度，深入研究典型案例及其发生的原因、特点和规律，完善对严重违规用人的监督机制。

"三制创新"以管理为重心。改革现行行政管理体制，大力推进政企分开、政资分开、政事分开、政府与市场中介组织分开，建立以领导干部和领导班子主要负责人为对象的行政问责制，对重大决策事项实行听证、公示、专家咨询和评估，进一步规范行政决策程序，完善行政管理决策机制和行政执法责任制。改革行政审批制度，精简、削减、清理和规范行政审批事项与非行政许可审批项目并缩短审批时限，建立重大项目审批会审制，严格备案、核准的范围和程序以及加强后续监管，完善行政审批项目动态管理机制。改革以教育、卫生、住房和社会保障为重点的社会管理体制，促进教育资源的合理配置，加快城乡医疗卫生服务体系和医疗保障制度建设，大力发展经济适用住房和廉租房，扩大社会保障覆盖面，完善社会管理运行机制。

"三制创新"以国企为重要对象。改革投资体制和国有企业原有体制，区别不同情况实行核准制或备案制，建立健全政府投资决策机制。改革国有资产监管体制，建立国有金融资产、经营性资产、行政事业性资产和自然资源资产监管制度，健全国有资本经营预算、企业经营业绩考核、国有产权转让和企业重大决策失误追究等制度。改革国有企业公司制股份制，建立健全现代企业制度，完善企业法人治理结构和激励约束机制，以及决策、监督和经营管理之间的制衡机制。

"三制创新"以市场为目标。加快推进现代市场体系建设及工程建设项目招标投标，土地征收和使用权挂牌出让，探矿权、采矿权有偿使用，产权交易市场，政府采购等相关制度改革，全面规范、完善和创新以市场经济为目标的各种体制、机制和制度。

（六）坚持"三'年'推进"行动步骤，使宣传教育年、制度建设年、强化监督年波浪式唱响反腐倡廉建设的主旋律

根据中央《工作规划》的基本要求和自治区反腐倡廉建设的总体思路、战略布局和具体目标，自治区惩治和预防腐败体系建设工作领导小组审时度势，分别将 2008 年定为"全区惩防体系建设教育年"、2009～2010 年定为"全区惩防体系制度建设与相关改革推进年"、2011 年定为"全区惩防体系建设强化监督年"，并通过三"年"波浪式集中推进，唱响全区惩防体系建设的主旋律。

三 内蒙古反腐倡廉建设所进行的具体实践

2008 年以来，内蒙古各地区、各部门紧紧围绕贯彻落实中央《工作规划》和自治区的《实施办法》，不断加大反腐倡廉工作力度，努力提升反腐倡廉建设的科学化水平，反腐倡廉建设教育、制度、监督、改革、纠风、惩处等各项工作取得明显成效和重要进展，不仅充分体现各级党委、政府和纪检监察机关的鲜明政治立场和惩治腐败的坚强决心，而且对广大党员和领导干部起到极好的教育、监督和预警作用。

（一）认真履行监督检查职能，确保中央和自治区等重大决策部署全面实施

内蒙古各级纪检监察机关把严肃执行党的纪律、行政纪

律，维护党的集中统一，确保政令畅通作为首要任务来抓。围绕贯彻落实科学发展观、加快转变经济发展方式，加强宏观调控、结构调整，节能减排和环境保护，规范和节约用地，合理开发利用自然资源，保障和改善民生等重大决策，以及自治区党委关于排查化解矛盾、维护社会稳定等工作部署，各级纪检监察机关认真履行监督检查职能，加强对土地调控政策落实情况和矿产资源开发秩序的监督检查，严肃查处土地和矿产资源开发违法违规案件，纠正违法批地、私挖乱采问题。加强对环境保护法律法规和政策规定落实情况的监督检查，开展了整治违法排污、保障群众健康环保专项治理行动，纠正节能减排和环保方面违法违规问题。加强对工程建设招投标、新开工项目和房地产市场宏观调控政策执行情况的监督检查，开展了工程建设领域突出问题专项治理行动，2008～2010 年，全区查处工程建设领域案件 3304 件，给予党政纪处分 159 人，组织处理 23 人，移送司法机关 67 人，列入不良记录企业 299 家。加强对安全生产事故的监督检查，强化安全措施监管，严肃查处违法违纪行为。加强对行政对策、行政执行及行政效率的监督检查，自治区本级年均受理行政效能投诉案件 500 余件，办结率达 95% 以上。

（二）深入开展纠风专项治理，着力解决损害人民群众利益的突出问题

各级纪检监察机关始终把维护人民群众最关心、最直接、最现实的利益问题作为反腐倡廉建设的出发点和落脚点，坚

持以人为本、执政为民，下大力解决损害群众利益的突出问题，进一步密切党和政府同人民群众的血肉联系。针对一些党政机关和国家公务人员侵占农牧民草牧场与民争利的问题，从2007年开始，用三年的时间开展了清理党政机关及其领导干部和工作人员占用草牧场专项治理工作，全区清退党政机关、干部及非牧民占用草牧场1600余万亩。2009～2011年，开展了惠农惠牧政策落实情况专项检查工作，重点对挤占、挪用、套取、截留和贪占专项资金以及侵犯农牧民土地草场承包权益的问题进行调查处理，共查处各类违反惠农惠牧政策的案件554件，纠正违规资金280万余元，处理涉案人员77人。加大对民生领域突出问题的治理，2008年以来，查处和纠正社保资金违纪违规问题90个，涉及金额2.8亿多元，5人受到党政纪处分；查处住房公积金违纪违规问题28个，涉及金额5560万元；查处"问题乳粉"等食品药品安全问题3460件，涉及金额4226万余元，给予党政纪处分48人。针对群众关心的教育收费、医药购销和医疗服务中的不正之风及公路"三乱"等问题，持续开展综合治理。对义务教育阶段改制学校进行清理，严格规范教育收费行为；在全区旗县级及以上公立医疗机构实行药品网上集中招标采购制度，大幅降低药品零售价格；清理整顿公路收费站点，查处乱收费、乱罚款、乱设卡等公路"三乱"问题。同时，认真解决在征收征用土地、城镇房屋拆迁、企业重组改制中损害群众利益及拖欠农民工工资等问题；查处涉企乱收费案件，取消和清理涉企收费453项；开展清理各类评比达标项目，清理庆典、研讨会、论坛，清理行业协会和市场中介组织违规收费等问题。

（三）保持惩治腐败高压态势，查办有影响有震动的大案要案取得重要突破

内蒙古始终保持惩治腐败的高压态势，持续强化安全文明办案工作，突出抓好大案要案查处，坚决查办一批在社会上有影响有震动有威慑力的大案要案。2008 年，在中央纪委和自治区党委的有力指导和支持下，对赤峰市原市委副书记、市长徐国元受贿案进行立案调查。经查证落实，徐国元单独或伙同其妻受贿 35 次，折合人民币 1048.25 万元，非法收受礼金和贵重物品 71 次，折合人民币 361.39 万元。徐国元夫妇交代并表示将他们另外非法收受其他人员给予的折合人民币 1651.47 万元和估价为 172.3 万元的 153 件贵重物品主动上交组织。徐国元受贿案所得总计折合人民币约 3233.41 万元，是自治区当时查处的涉案金额最大、涉案人数最多的领导干部腐败案件，徐国元被开除党籍、开除公职，并被移送司法机关处理。2009 年，继查处徐国元受贿案之后，又严肃查处锡林郭勒盟盟委原副书记蔚小平严重违纪违法案，查明违纪总金额折合人民币 1428 万余元，给予蔚小平开除党籍、开除公职处分，并移送司法机关处理。2010 年，自治区纪委又严肃查办了自治区党委原副秘书长白志明违纪违法案，查明违纪违法总金额折合人民币 3954 万余元，给予白志明开除党籍、开除公职处分，并移送司法机关处理。同时，还查办了兴安盟原副盟长赵云翔、

兴安盟人大工委原副主任刘振才、巴彦淖尔市原副市长李石贵、兴安盟国土资源局原局长程建强、临河区原区长薛维林等违法违纪案，并配合和协助中央纪委对呼和浩特市委原副秘书长张志新侵吞国有资产案、自治区铁路重点项目协调办公室原副主任牛志美（副厅级）涉嫌违纪问题进行了调查。

2008年1月至2012年12月，全区纪检监察机关共受理群众信访举报63164件（次），初步核实线索11363件，立案5338件，结案5239件，给予党政纪处分6191人（地厅级干部23人，县处级干部265人），为国家和集体挽回经济损失44662.25万元。与此同时，深入开展商业贿赂专项治理，全区共查处商业贿赂案件265件，涉案金额4285.12万元。另外，通过调查核实，对轻微违纪者采取诚勉谈话、批评教育等方式进行了适当处理，对举报失实的则及时给予澄清。

（四）强化教育和监督，有效增强党员领导干部廉洁从政的自觉性

紧紧围绕筑牢党员干部拒腐防变思想道德防线，在全区广泛开展理想信念、党性党风党纪、世界观、人生观、权力观和典型示范教育，同时以徐国元、蔚小平、白志明、张志新等违纪违法案件为反面教材，召开警示教育大会，深入开展警示教育，增强了各级领导干部的纪律观念和廉洁从政意识。加强反腐倡廉宣传和舆论引导工作，全区以廉政文化进机关、进农村、进学校、进企业、进社区、进家庭"六进"活动为载体，

不断深化廉政文化创建活动，并命名首批"全区廉政文化建设示范点"、"全区廉政教育基地"，收到了很好的示范效果。加强对党员领导干部特别是党政领导班子及主要领导干部的监督，落实民主生活会、述职述廉、任职廉政谈话、诚勉谈话和函询及领导干部报告个人有关事项等制度规定。健全完善民主集中制和党政领导班子议事规则，规定"三重一大"事项必须经领导班子集体研究决定。加强对党政正职权力行使的监督，出台了《加强对旗县（市区）党政正职监督的暂行办法》。加强党委巡视工作，注重巡视成果的转化和运用，对巡视中发现的各类突出问题进行跟踪督查，促进问题的解决。按照领导干部廉洁从政有关规定，深入开展专项治理，认真查处领导干部违反规定收送现金、有价证券和支付凭证，借婚丧嫁娶等事宜大操大办，以及"跑官要官"、"买官卖官"等问题。严格控制和压缩因公出国出境、公务用车购置及运行、公务接待三项经费支出，2009～2010年，全区党政机关因公出国（境）人数和费用年均分别减少14.3%和23.7%；各级党政机关车辆购置及运行费用支出累计减少5.38亿多元；公务接待费累计减少2.9亿多元。全区清理党政机关楼堂馆所建设项目127个，对26个超规模、超标准建设项目进行了调查处理。

（五）坚持惩防并举，不断加大从源头上预防和治理腐败的工作力度

内蒙古党委十分重视落实党风廉政建设责任制，印发并严格执行《关于进一步落实党风廉政建设责任制的意见》，努力

构建党委统一领导、党政齐抓共管、纪委组织协调、部门各负其责的反腐败领导机制和工作机制。在以党风廉政建设责任制为龙头的同时，以惩治和预防腐败体系建设为抓手，深入开展"全区惩防体系建设宣传教育年"、"全区惩防体系制度建设与相关改革推进年"、"全区惩防体系建设强化监督年"活动，努力抓好中央《建立健全惩治和预防腐败体系 2008～2012 年工作规划》和自治区配套《实施办法》的贯彻落实。

加大考核工作力度，强化考核结果运用。连续三年，由自治区领导亲自带队，对各盟市、厅局落实党风廉政建设责任制和惩防体系建设工作情况进行专项核查并作反馈，先后共提出547 条整改意见，全区 100 余名领导干部因违反责任制规定受到责任追究。与此同时，按照标本兼治、综合治理、惩防并举、注意预防的方针，全区坚持用发展的思路和改革的办法预防和治理腐败，针对容易滋生腐败的重点领域和关键环节，大力推进体制机制改革。

行政审批制度改革持续推进。进一步依法清理规范行政审批事项，自治区本级在前几轮清理削减行政审批事项的基础上，2011 年又取消、调整了 262 项行政许可项目，取消了 65 项行政事业性收费，分别占原有项目的 39% 和 55%。自治区政府印发《关于推进行政权力公开透明运行的意见》，政务公开、政务服务中心建设、电子政务和电子监察等工作不断深化，全区 12 个盟市和 80% 的旗县（市、区）成立了政务服务中心，40% 以上的苏木乡镇设立了便民服务大厅，2000 多个嘎查村和社区居委会设立了代办点，7 个区直部门设立了专业办事大厅，"上下联动、层级清晰、覆盖城乡、高效便捷"的政务服务体系建设正在稳步推进。

财政管理制度改革不断深入。部门预算和政府收支分类改革不断深化，国库集中支付范围进一步扩大，非税制度改革步伐加快，公务卡改革试点工作进展顺利。政府采购制度改革进一步深化，政府采购信息公开化和电子化程度不断提高，政府采购评审管理切实加强，供应商质疑答复和投诉处理工作机制日趋完善。"小金库"专项治理工作收到良好效果。

资源配置市场化扎实推进。非煤矿产资源招标拍卖挂牌出让制度进一步健全，以市场为导向的矿业权招拍挂信息公开机制、资质审查机制、公开竞价机制更加规范。国有经营性土地和工业用地招标拍卖挂牌出让制度形成体系。工程建设领域监管制度不断完善，工程建设项目决策行为和招标投标活动、政府投资项目公示以及评审制度建设日趋规范；政府投资项目审计监督办法、从业单位信用评价制度开始实施；城乡规划管理、有形建筑市场标准化建设、招投标评审专家评估及管理办法等制度规定更加健全。

投资体制改革、干部人事制度改革、司法体制改革、金融体制改革步伐也进一步加快。

四　内蒙古反腐倡廉建设所取得的积极成果

近年来，内蒙古各级纪检监察机关按照中央有关反腐倡廉建设的总体要求和部署，认真研究中央《工作规划》的新要

求，正确认识反腐倡廉建设的新特点，有效破解惩防体系的新难题，积极探索党风廉政建设和反腐败斗争的新途径，积累了推动经济社会又好又快发展和维护民族团结、社会和谐、边疆稳定的新经验。

（一）反腐倡廉建设，有力推动了内蒙古经济社会健康、持续、快速的发展

内蒙古地处祖国北部边疆，北与俄罗斯、蒙古国接壤，南与甘肃、宁夏、陕西、山西、河北、辽宁、吉林、黑龙江毗邻，横跨西北、华北、东北，从东到西"太阳要走两小时"。全区土地面积118.3万平方公里，仅次于新疆、西藏，占全国土地总面积的12.3%。全区现有12个盟（市）102个旗、县（市、区），居住有蒙古、汉、回、满等55个民族，总人口为2470.63万人，其中少数民族人口533.68万人，少数民族人口中蒙古族人口为442.61万人，占全区总人口的17.1%，其他少数民族人口94.7万人，占全区总人口的3.97%，是一个以蒙古族为主体、汉族为多数的民族区域自治地方，是中国共产党于1947年5月1日在全国成立的第一个少数民族自治区。新中国成立以后特别是改革开放30年，曾被周总理誉为少数民族"模范自治区"的内蒙古，发生了从长期低位徘徊到重大跨越、从以农牧业为主到工业化快速发展、从依靠国家救济到为国家做出重要贡献、从人民生活不得温饱到全面迈向小康社会的历史性巨变。国家实施西部大开发战略特别是进入新世纪以来，内蒙古经济社会开始步入高速发展的"快车道"，综

合经济实力大幅度提升，主要经济指标从全国后列攀升到中列。2007～2012年，内蒙古的地区生产总值由6423.2亿元增加到1.6万亿元，年均增长15.1%。2012年全区人均GDP首次突破1万美元，达到10189美元，位居中国西部第一。在经济持续快速发展的有力推动下，各项事业全面进步，人民生活不断改善，并且始终保持了民族团结、社会和谐、边疆稳定的良好局面，这个时期成为内蒙古发展历史上综合实力提升最快、城乡面貌变化最大、社会建设成就最好、人民群众得到实惠最多的时期之一。这里，内蒙古经济社会所以能够发生历史性的巨大跨越，除了坚定不移地走中国特色社会主义道路，坚持以经济建设为中心，全面建设小康社会，自治区各级党委和政府始终把反腐倡廉建设作为保稳定、促发展、保增长的一大事来抓，无疑是其中的一个重要原因。

早在20世纪50年代，邓小平同志就讲过"实行民族区域自治，不把经济搞好，那个自治就是空的。少数民族是想在区域自治里面得到好处，一系列的经济问题不解决，就会出乱子"。这就是说，边疆少数民族地区的民族问题，其实质是经济发展问题。多年来，经过党的民族区域自治制度和政策在我国广大民族区域自治地方的成功实践，使包括内蒙古在内的所有边疆少数民族地区发生了翻天覆地的巨大变化，无不呈现日新月异的繁荣景象。但事实上存在的东西部差距，还是使边疆少数民族地区的民族问题聚焦为经济发展问题，东西部差距所造成的经济和社会压力，表现为边疆少数民族地区各族干部群众迫切要求加快经济社会的发展速度。在边疆少数民族地区的

发展问题上，人们早已形成一种共识：边疆少数民族地区的经济社会发展了，边疆少数民族自身就发展了，边疆少数民族的一切问题包括民族问题也就有了解决的基础和条件，从而容易解决了。据统计，在内蒙古12个盟市102个旗县中，还有60个国家和自治区扶贫开发重点旗县，多数为边境地区、牧区和革命老区，多数贫困人口集中于少数民族聚居区。因此，解决内蒙古一切问题包括民族问题的关键还是要首先解决经济社会的发展问题，只有加快经济社会的全面发展进步，才能让广大各族干部群众真正走上"富民强区"之路，才能充分体现党的民族区域自治制度和民族政策的优越性。同时，只有切实保障各民族人民在政治、经济、文化、社会和生态文明等方面的合法权益，解决好与群众利益休戚相关的现实民生问题，加强对教育、医疗、住房、就业、收入分配、社会保障等与民生问题息息相关领域的改革和资金投入，才能使改革的成果更多地惠及各族人民群众，才能增强中国特色社会主义社会的吸引力、凝聚力和说服力。2011年，内蒙古启动"真金白银惠民生"工程，可谓保障和改善民生的德政之举，表明自治区党委和政府的"富民强区"战略，在持续加大民生投入增幅，不断加快使各族人民群众共享改革发展成果的步伐，从而使各族人民群众全面建设小康社会和参与构建和谐社会的积极性被空前广泛地调动起来。

然而，无论是解决经济社会的发展问题，还是解决民生问题，又都与整体推进反腐倡廉建设是分不开的。腐败危害和阻碍经济发展已经成为不争的事实，腐败不仅使国家的大量财富流入不法分子手中，而且使权力进入市场"寻租"，直接破坏正常的社会主义市场经济秩序，各族人民群众因此而不能充分享受到改革和发展的成果。从维护改革发展稳定这个大局出发，内蒙古各级纪检监察机关充分发挥在经济社会发展中的服务、促进和保障作用，并坚持把改革、发展和稳定作为检验反腐倡廉建设成效的标准，因而成为夺取反腐倡廉全面胜利的重要力量和坚强保证。实践证明，反腐倡廉建设只有"围绕中心、服务大局"，尤其是服务于发展这一执政兴国的要务，边疆少数民族地区诸如"民族"、"民生"等一系列突出问题才有可能得到真正的解决，而坚持和保障发展是解决边疆少数民族地区一切问题之关键。

（二）反腐倡廉建设，有效保障了内蒙古民族团结、社会和谐、边疆稳定的良好局面

同样，内蒙古之所以能够长期保持民族团结、社会和谐、边疆稳定的良好局面，除了毫不动摇地走中国特色社会主义解决民族问题的正确道路，坚持党的民族区域自治制度和政策在自治区的长期实践，自治区各级党委和政府坚持把反腐倡廉建设作为构建社会主义和谐社会的一项重大政治任务，为建设富强、民主、文明、和谐的内蒙古，营造政令畅通的政治环境、和谐稳定的社会环境、规范高效的政务环境、标本兼治的法制环境，无疑是其中的另一个重要原因。

在内蒙古这样一个地域广大、民族众多、主体与多数"大杂居"又"小聚居"的民族区域自治地方，必须高度重视

三个问题：一是构建平等的民族关系，维护民族团结的问题。长期以来，内蒙古各族人民群众在党的民族区域自治制度和政策的光辉照耀下，共享社会主义大家庭的优越和温暖，是和睦相处和安居乐业的。但在局部地区和某些时候，也存在着或发生过部分由于种种历史和现实原因所引起的民族隔阂和纠纷。尽管基本上都属人民内部矛盾，但如果处置不好或被境内外敌对势力所利用，就有可能转化矛盾的性质，给民族心理带来某些负面影响，对民族团结产生诸多不利因素。在锡林郭勒盟发生的"5.11"、"5.15"两起破坏民族团结的刑事案件，就是极为典型的例子。而且，腐败现象有时也会结成破坏民族关系的毒瘤，进而激化民族矛盾，甚至引发民族冲突。正因如此，全区纪检监察机关十分注重对可能发生的社会矛盾的分析排查，认真解决损害群众利益的突出问题，严肃查处和纠正农村牧区涉及土地、草牧场、承包、征地拆迁、退耕还林还草等方面的问题，把问题尽可能解决在萌芽状态，使基层这类群体性上访事件逐年下降。特别是"5.11"事件发生后，在自治区党委和政府的坚强领导下，有关责任部门果断采取措施，对区内大小矿山企业全力实施督察和整改，将无证、违法违规开采、破坏草原环境、侵占牧民草场、侵害群众利益的"害群之马"予以坚决制裁，有力维护了内蒙古民族团结的大局。二是遵循公平正义原则，维护社会和谐的问题。公平正义是协调社会各阶层关系的基本要求，也是一个社会产生凝聚力、向心力和感召力的重要源泉。在调节各种不同利益关系的过程中，只有公平正义才能使绝大多数社会成员利益趋同并受益，才能取得社会不同利益群体的广泛支持和接纳，才能有效整合社会各种资源和力量，实现全社会的团结与合作。从这个意义上而言，公平正义既有社会和谐的基本属性，又是构建和谐社会的必要条件。譬如因职工下岗、农民失地、征地拆迁、拖欠民工工资、劳资纠纷、村民选举、生产安全事故、司法不公、执法不力等引发的各种性质的案件不断攀升，就是公平正义基本要求出现弱化的外在表征。全区各级纪检监察机关不断加大办案力度，重点查办领导机关和领导干部滥用职权、贪污贿赂、腐化堕落、失职渎职案件，严肃查办严重侵害群众利益案件、群体性案件和重大责任事故背后的腐败案件，彻底查办工程建设、矿产资源开发、房地产拆迁、土地管理和商业贿赂等腐败现象易发多发领域的一系列案件，体现了"公平"，伸张了"正义"，保证了广大人民群众的根本利益，有效维护了内蒙古社会和谐的大局。三是巩固党的执政地位，维护边疆稳定的问题。20 世纪 90 年代初，苏联和东欧社会主义国家的相继垮台，与其执政党内部的严重腐败有着重要关联，腐败现象的不断蔓延加剧了各民族间的矛盾和离心倾向，最终导致各加盟共和国或主要民族分离出去走向独立。深入研究和探讨腐败与"苏东剧变"的关系，对于中国共产党有着极其重要的警示意义。全区各级纪检监察机关把查办发生在党政机关的大案要案作为反腐倡廉建设的中心环节，毫不手软地查办一批在社会上有影响、有震动、有威慑力的大要案件，譬如赤峰市原市长徐国元受贿案、锡林郭勒盟原盟委副书记蔚小平违纪违法案和自治区党委原副秘书长白志明违纪违法案，坚决维护了党纪国法

的严肃性，在区内外产生强烈反响，对广大党员和领导干部起
到强大的预警作用，全区各族人民群众无不拍手称快！这就进
一步夯实了党在内蒙古的执政之基，极大巩固了内蒙古边疆稳
定的大局。

（三）反腐倡廉建设，逐步积累了若干关乎"中心"和"大局"的新鲜经验

在整体推进反腐倡廉建设过程中，内蒙古各级党委、政府
和纪检监察机关，勇于实践，勇于改革，勇于创新，不仅取得
一系列有影响、有震动、有威慑力的惩治和预防腐败的积极成
果，而且逐步积累了若干关乎"中心"和"大局"的可警示、
可启示和可行性的新鲜经验。

"五推一决"。自治区纪委为规范干部初始提名而严格实
行的"五推一决"制，为推动全区纪检监察系统干部人事制
度的改革和创新作了有益的探索。规范干部任用提名制度是推
进干部人事改革的重点任务也是难题之一，从历年来暴露的干
部人事方面的问题来看，"跑官要官"、"买官卖官"等不正之
风往往发生在初始提名环节。自治区纪委对干部初始提名实行
"五推一决"的创新机制成效明显。"五推"，即群众票推（占
30%）、分管领导面推（占35%）、知情人员评价推（占
25%）、三年工作实绩定量推（占10%）、书记办公会议酝酿
推；"一决"，即常委会议票决，真正做到提名主体多元化、
提名权重结构化、提名过程程序化、提名结果公正化。中央纪
委监察部对"五推一决"制给予了充分肯定，中央内参《决

策参考》以及《中国纪检监察报》等媒体和系统内刊相继作了报道。

"四权四制"。鄂尔多斯市全面推行以"四权四制"为核心的"村民代表会议常设制",受到社会各界的广泛好评。鄂尔多斯市是内蒙古经济发展最快的地区和中国西部地区最具发展活力城市之一,随着全市工业化、城市化和农牧业现代化进程的快速推进,农村牧区由征地补偿、拆迁安置、环境保护、利益分配、矿产资源权属、集体资产资金管理、惠农惠牧政策落实等引发的矛盾纠纷日益增多,干群矛盾较为紧张,直接影响着农村牧区的和谐稳定与经济发展。伊金霍洛旗旗委、政府通过总结、概括和提炼,形成以"四权四制"为核心的"村民代表会议常设制",很快就在鄂尔多斯市的农村牧区推广开来。"四权",即村党支部履行决策组织权、村民代表会议履行决策表决权、村委会履行决策实施权、村民监督委员会履行决策监督权;"四制",即决策启动机制、民主表决机制、组织实施机制、监督评议机制。推行以"四权四制"为核心的村民代表会议常设制,改变了原来村党支部或"两委"班子"议行合一"的体制和机制,使村干部的自由裁量权和决定权受到限制,充分保障了群众的民主权利。由于实现村级事务由村官说了算向村民说了算的转变,因而极大地调动村民参与村务决策和管理的积极性,一些涉及群众切身利益的热点难点问题得到有效解决,农村牧区基层矛盾的化解率不断提高。村级事务的执行权、决策权和监督权的相互分离、相互制约,从源头上预防和遏制村官以权谋私等腐败现象的发生,为深入推进

农村牧区基层反腐倡廉建设提供了制度保障，有力地推动了社会主义新农村新牧区建设。2010 年，鄂尔多斯市全面推行以"四权四制"为核心的"村民代表会议常设制"的经验，在全国农村党风廉政建设座谈会上进行了交流，《求是》杂志撰文介绍了鄂尔多斯的成功经验。

村级事务契约化管理。赤峰市积极探索农村牧区廉政建设和村务治理的长效机制，着力推行村级事务契约化管理，取得了明显成效。所谓村务契约化管理模式，就是把法学的契约（合同）理论引入村级事务管理中，对村级事务按照一定的程序，通过合同、协议等法律文本，明确村级组织与村民之间、村干部与村民之间、村民与村民之间以及涉及村级事务的所有相关主体之间的权利、义务和责任，进而形成一个双向制约、平等互利、公开透明的管理平台，加强以村民自治为核心的农村民主规范管理。在以往的村级事务管理中，由于责任不清、主体不明、落实难度大、监督不到位，村级事务的民主管理往往流于形式。实施村级事务契约化管理后，把村级重大事项用契约规范处理，不仅将繁杂的村级事务简化为契约，实现由以前的"人治"管理向法治契约管理转变，而且通过制定契约过程中广泛征求党员意见和提交村民大会讨论通过，确保村务公开内容真实透明。另外，通过在项目建设上实施契约化管理，改变以往靠行政命令和思想工作落实项目的方法，明确了责任主体，签订项目建设合同（协议）的过程民主公开，项目建设规模、投资预算、实施办法、工程进度及双方的权利责任都赋予法律保障，可以有效预防腐败滋生，消除群众以往认为搞项目建设定会发生村干部"捞好处"的思想顾虑，提高群众参与项目建设的积极性。例如，赤峰市阿鲁科尔沁旗（县）通过契约化管理方式，落实设施农业建设项目3400亩，完成中低产田改造1万亩，饮水安全工程41处，建设完成肉牛养殖专业村4个、肉羊养殖专业村11个，促进了全旗（县）农牧业结构调整，也大大增加农牧民群众的实际收入。

电子效能监察。呼和浩特市、锡林郭勒盟、乌兰察布市等地，积极推进电子效能监察系统建设，不断加大科技防腐力度，有效促进了行政权力的阳光运行。以推进集中行政审批为切入点，运用信息网络技术将行政权力和审批、服务事项的运行过程固化为统一的程序模式，开发建设行政审批电子效能监察系统，对政务服务中心（大厅）的审批工作进行实时监察、视频监控和全程监督，创新了行政监察手段，强化了行政监察职能，延伸了行政监察触角。通过建设电子效能监察平台，可以进一步增强政府机关行政审批工作的透明度，扩大群众对行政审批工作的知情权和监督权，促进政府机关依法行政和廉洁从政。通过实施全程电子效能监控，还可对违规行为及时发出警告，有效堵塞可能出现的漏洞，促使有关部门针对不足及时整改，提高依法行政水平和服务质量。

五　关于内蒙古反腐倡廉建设的理性思考

习近平总书记在中国共产党第十八届中央纪律检查委员会第二次全体会议上的讲话中指出：坚定不移惩治腐败，是我们

党有力量的表现，也是全党同志和广大群众的共同愿望。要坚持"老虎"、"苍蝇"一起打，既坚决查处领导干部违纪违法案件，又切实解决发生在群众身边的不正之风和腐败问题。要加强对权力运行的制约和监督，把权力关进制度的笼子里，形成不敢腐的惩戒机制、不能腐的防范机制、不易腐的保障机制。

据2012年在全区开展的党风廉政建设民意调查结果显示，对内蒙古近年来反腐倡廉建设的人民群众满意度有新的提升，较2008年上升了12.18个百分点。在充分肯定内蒙古反腐倡廉建设取得明显成效和重要进展的同时，也必须清醒地看到目前腐败现象依然严重、反腐倡廉形势依然严峻、反腐倡廉建设依然存在诸多不容忽视的"顽症"。表现之一，一些腐败现象易发多发的重要领域、核心部位和关键环节大案要案时有发生，极少数领导干部违纪违法案件涉案金额巨大情节特别严重，个别地区和部门领导干部违规收送礼金问题比较突出影响尤其恶劣；表现之二，一些经济管理部门和公共事业单位工作人员"吃拿卡要"的不正之风屡禁不止，少数干部要么不作为、要么乱作为即"不给好处不办事，给了好处乱办事"的现象还时有发生；表现之三，一些地方和部门存在的形式主义、官僚主义和奢侈浪费已成习惯，"门难进、脸难看、话难听、事难办"问题，还没有得到有效改进；表现之四，一些社会反响强烈的直接损害群众利益的突出矛盾和问题屡治不绝，长期得不到解决或没有得到根本性的解决。究其原因很多，一是某些领导干部对反腐倡廉建设认识不足、理解不够和执行不力，没有认真落实党风廉政建设责任制，以致与反腐倡廉廉建设密切相关的措施办法没有落实到位；二是对某些领导干部特别是主要领导干部的监督工作还比较薄弱，下级对上级的监督难以有效地实施，存在执纪执法偏宽偏软的情形；三是纪检监察干部的履职素质和执行能力还需要进一步提高，由于有的纪检监察干部特别是基层纪检监察干部组织协调反腐倡廉工作不够有力，部分影响了惩防体系建设的整体推进；四是全区惩防体系建设进展尚不平衡，不少地区和部门不同程度地存在重建设、轻执行、紧一阵、松一阵的倾向，协调配合机制不全，相互沟通联系不紧，整体合力不足，等等。

为此，本报告就内蒙古反腐倡廉建设，提出如下理性思考。

（一）坚持"党要管党"，发挥各级党委和基层党组织在反腐倡廉建设中的领导作用

整体推进反腐倡廉建设，必须坚持党要管党、从严治党。党要管党、从严治党，既是我们党加强执政能力建设、先进性建设和党风廉政建设的一条基本经验，更是当前全面建设小康社会和和谐社会的客观要求。问题的关键在于党的领导干部行使权力是否坚持为人民服务、对人民负责并自觉接受人民的监督，能不能做到"立身不忘做人之本、为政不移公仆之心、用权不谋一己之私"。这就需要一方面扩大党内民主，更加健全和完善党内民主集中制这一党的根本组织制度和党内情况通报、情况反映、重大决策征求意见等具体制度，形成靠制度管

人、按制度办事、用制度规范从政行为的正常秩序；另一方面实行党务公开，更加健全和完善党内监督制度、自治区地方各级党委常委会向委员会全体会议定期报告工作并接受监督的制度，有效防止权力失控、决策失误和行为失范的不良后果。各级党委作为反腐倡廉建设的责任主体，要按照党风廉政建设责任制和"一岗双责"的要求，进一步担负起全面领导反腐倡廉建设的重大政治责任，把反腐倡廉建设作为一项重大政治任务，更加务实地列入党委和政府重要议事日程，同经济社会发展工作一起部署、一起落实、一起检查、一起考核。各级党委和政府以及广大基层党组织的主要负责人，要始终把自身置于反腐倡廉建设的中心位置，把权力置于阳光之下，常修为政之德、常思贪欲之害、常怀律己之心，自觉经受住发展社会主义市场经济和改革开放条件下长期执政的考验，正确发挥在反腐倡廉建设中的领导作用。

（二）不断加大监管的力度，发挥各级纪检、审判、检察、公安、监察、审计等执纪执法机关在反腐倡廉建设中的骨干作用

整体推进反腐倡廉建设，必须充分发挥各级纪检、审判、检察、公安、监察、审计等执纪执法机关在反腐倡廉建设中的骨干作用，进一步加大对各级党政领导班子及其主要负责人的监督监管力度，把权力关进制度的笼子里，做到用制度确权、限权、分权、亮权，不断提升执纪执法机关的执行力。这就需要围绕土地审批、矿业权设置、重要人事任免、重要建设项目投资、大额度资金使用等不同领域的工作重点制定出台相关的

配套制度体系，并且形成权力的制衡，把不同的权力交给不同的机构执行，实现决策权、执行权、监督权的相互分离制约，又相互协调配合，以权力的制衡来推进制度的落实与执行。同时，严格要求各级领导班子认真履行反腐倡廉建设责任人的职责，牵头单位和协办单位则充分发挥其应有的职能作用，形成全社会共同参与、共同推动、共同督察的局面。各级纪检、审判、检察、公安、监察、审计等执纪执法机关，要定期召开惩防体系建设领导小组办公会议和牵头部门工作调度会议，深入各部门各单位加强组织协调和监督检查，并制定相应的工作方案、细则和流程，进行具体指导和强力推动。组织执纪执法机关相关人员，采取与党风廉政建设责任制相结合，与机关目标考核相结合、自查与抽查相结合等多种形式，对反腐倡廉工作进行定期或不定期检查，把检查结果作为对干部奖励惩处和选拔任用的重要依据。

（三）主动扩展群众知情与参与的途径和范围，发挥人民群众在反腐倡廉建设中的中坚作用

整体推进反腐倡廉建设，必须把实现好、维护好、发展好各族人民群众根本利益作为工作的动力源泉，发挥好各族人民群众在反腐倡廉建设中的中坚作用。面对与人民群众利益密切相关的土地征用、房屋拆迁、教育医疗收费、食品药品安全、环境保护、企业安全生产等领域存在的突出问题，扎实开展卓有成效的专项治理，坚决纠正损害群众利益的不正之风。积极回应并有效解决反腐倡廉工作中群众反映强烈的违法拆迁、暴

力拆迁、失职渎职等问题，切实维护群众的切身利益，实现社会的公平正义，把以人为本、执政为民贯穿到反腐倡廉建设当中。这就需要进一步扩大群众有序的政治参与，拓宽对施政行为的监督渠道，增强涉及群众切身利益的有关政策和工作的透明度。扩大人民群众有序参与的途径与范围，在于参与把好用人关，有效防止领导说了算和个人说了算，以免选人失察和用人失误；参与把好经费分配关，真正把有限的经费用在"刀刃"上，不要用散了、用偏了、用过了；参与把好经费开支审核关，变"一支笔审批"为"集体审批"，变"一人把关"为"大家把关"，及时堵塞经费开支漏洞；参与把好工程建设关，最终确定究竟上什么工程项目、如何实施公开招标、怎样确保质量以及严格审计，保证整个过程与结果的透明与公正。

（四）注重运用廉政文化净化功能，发挥社会主义核心价值体系在反腐倡廉建设中的"治心"作用

整体推进反腐倡廉建设，必须注重运用廉政文化的净化、导向、规范、监督和预防功能，大力发挥社会主义核心价值体系的"治心"作用，使广大党员干部在同一类型和模式的思想文化氛围中得到熏陶与教化，从而以相同的价值取向、思维模式、行为方式将广大党员干部联系和调动起来，从根本上树立执政为民的集体领导观念和民主决策理念，形成廉洁从政的权力观与义务观。这就需要各级党员领导干部尤其是"一把手"进行一场观念革命，认真汲取中国传统的廉政文化资源和借鉴国外有益的廉政文化资源并赋予新的时代内涵，以期不断增强责任意识、自律意识和防腐意识，就此奠定防范权力过分集中的思想道德防线和不愿以权谋私乃至腐败的心理根基。同时，把以马克思主义为指导思想、中国特色社会主义为共同理想、爱国主义为核心的民族精神和改革创新为核心的时代精神以及社会主义荣辱观为伦理基础与道德规范的社会主义核心价值体系融入社会主义精神文明建设之中，让全社会形成以廉为荣、以贪为耻的良好风尚，为反腐倡廉建设创造浓厚的社会舆论氛围。再是加强共产主义理想信念教育、党的作风和纪律教育，教育和引导各级党员领导干部自觉遵守党的政治纪律、组织纪律、经济工作纪律和群众工作纪律，着力解决一些党员领导干部在思想作风、工作作风、领导作风和生活作风方面存在的突出问题，牢记"两个务必"和"八项规定"，增强公仆意识，密切联系群众，讲党性、重品行、做表率，察实情、办实事、求实效。

（五）加快构建和完善反腐倡廉建设体系，发挥"体系"在"惩治"和"预防"腐败中的"治本"作用

整体推进反腐倡廉建设，必须加快构建全方位、广覆盖、多维度、立体化的反腐倡廉建设体系，以提升反腐倡廉建设的综合性、系统性、针对性和有效性，充分发挥"体系"在"惩治"和"预防"腐败中的"治本"作用。围绕自治区党委、政府全面建设小康社会和和谐社会、加快转变经济发展方式、保障和改善民生等重大决策部署，最终完善"党委统一领导，党政齐抓共管，纪委组织协调，部门各负其责，依靠群

众的支持和参与"的反腐败领导体制与运行机制，调动反腐倡廉建设牵头部门和协办单位各自的积极性，真正将权利、义务、责任具体落实到实施岗位乃至个人，把反腐倡廉建设的各项任务落到实处。同时，在重点领域、重要部门、重大项目上找准惩防体系建设的切入点，做到党委、政府的中心工作开展到哪里，反腐倡廉建设就延伸到哪里，使反腐倡廉建设与经济社会发展既相互适应又同步推进。党政机关是反腐倡廉建设的重点，而规范和约束行政权力又是党政机关反腐倡廉的重中之重。在加强教育、完善制度、强化监督、改革创新、纠风治乱、严厉惩处的基础上，把教育的说服力、制度的约束力、监督的制衡力、改革的推动力、纠风的矫正力、惩治的威慑力有机结合起来并使之形成整体合力，着力从源头上铲除滋生腐败的土壤和条件，不断提升"体系"在"惩治"和"预防"腐败中的"治本"水平。

参考文献

中共中央《建立健全教育、制度、监督并重的惩治和预防腐败体系实施纲要》。

中共中央《建立健全惩治和预防腐败体系2008～2012年工作规划》。

张力：《全面落实科学发展观　扎实开展党风廉政建设和反腐败斗争促进自治区经济社会平稳较快发展——在中共内蒙古自治区第八届纪律检查委员会第四次全体会议上的工作报告》，2009年2月11日。

张力：《深入开展党风廉政建设和反腐败斗争　促进全区经济社会更好更快发展——在中共内蒙古自治区第八届纪律检查委员会第五次全体会议

上的工作报告》，2010 年 1 月 27 日。

张力：《深入开展党风廉政建设和反腐败斗争　为加快我区富民强区战略进程提供有力保障——在中共内蒙古自治区第八届纪律检查委员会第六次全体会议上的工作报告》，2011 年 1 月 23 日。

内蒙古自治区惩治和预防腐败体系建设工作领导小组办公室：《惩治和预防腐败体系建设工作资料汇编》。

内蒙古自治区纪委政策法规研究室：《全区反腐倡廉建设创新经验交流会议经验材料》等。

胡锦涛：《坚定不移沿着中国特色社会主义道路前进　为全面建成小康社会而奋斗——在中国共产党第十八次全国代表大会上的报告》。

习近平：《在中国共产党第十八届中央纪律检查委员会第二次全体会议上的讲话》。

分项报告

Topical Reports

B.2

开展反腐倡廉教育
增强廉洁从政意识

——内蒙古反腐倡廉宣传教育研究

双 宝 舒顺华

摘 要：

宣传教育是推进反腐倡廉建设的重要前提。以党员领导干部为重点，进行廉洁从政意识教育；以广大党员干部为对象，进行示范教育和岗位廉政教育；以预防为主，经常性地进行警示教育；面向社会各界群众，积极创新反腐倡廉宣传教育。围绕内蒙古反腐倡廉教育的对象、内容、方法和途径等主要内容，重点分析了内蒙古开展反腐倡廉教育活动的重点举措和主要成效，并提出进一步推进内蒙古反腐倡廉宣传教育的具体对策。

关键词：

党员领导干部　反腐倡廉宣传教育

一　宣传教育是推进反腐倡廉建设的重要前提

2008 年以来，内蒙古以反腐倡廉宣传教育为推进反腐倡廉建设的重要前提，把传统做法和现代手段结合起来，促进反腐倡廉宣传教育内容不断丰富，反腐倡廉宣传教育路径不断完善，反腐倡廉宣传教育方式不断创新。2008～2012 年，各地区各部门党委（党组）中心组举办反腐倡廉学习 3100 多次，举办各类领导干部廉洁从政教育培训班 900 次，受教育干部 114457 人次，在增强党员领导干部廉洁从政意识的同时，为营造自治区风清气正和廉洁高效的政治文明氛围发挥了积极作用。

二　通过各种有效形式，深入开展
反腐倡廉宣传教育

根据《中央纪委、中央组织部、中央宣传部关于加强领导干部反腐倡廉教育的意见》精神，内蒙古进一步制定《内

蒙古自治区加强党员领导干部反腐倡廉教育的实施意见》，并以内蒙古自治区纪委、党委组织部、宣传部名义联合发文，系统提出了全区加强党员领导干部反腐倡廉宣传教育的指导思想、目标任务、工作措施和保障机制，为反腐倡廉宣传教育科学化、规范化、具体化和常态化提供新的动力。

2011年，自治区纪委以中心组理论学习为切入点，认真组织开展反腐倡廉理论政策学习，把学习反腐倡廉理论政策的过程转变为提高认识、科学决策、指导工作的过程。经过对中心组理论学习内容进行周密安排，精心确定四个相关主题，连续组织四次中心组理论学习。通过中心组理论学习活动，进一步提高领导班子的思想认识水平，增强领导班子的科学决策水平，促使全区纪检监察系统的精神面貌发生巨大变化，推动纪检监察干部文明执法、忠于职守、勤政务实、无私奉献的新风逐步形成。同时，各级纪检监察机关运用党课教育、经验交流和新闻媒体等多种形式，把《党员领导干部廉洁从政若干准则》列为教育培训必修课，以《反腐倡廉10个热点问题》一书作为学习重点，引导广大党员干部正确认识当前党风廉政建设和反腐败斗争的形势与任务。组织开展纪念建党90周年内蒙古分赛区反腐倡廉知识竞赛活动，全区3万多名党员干部参加了答题活动，自治区纪委荣获组织奖。通过召开各类新闻发布会、举办各种反腐倡廉成就展，广泛宣传在查办违纪违法案件、工程建设领域突出问题专项治理、保障惠农惠牧政策落实以及纠正行业不正之风等方面的新举措和新成果，面向全社会发布相关权威信息，让人民群众了解和监督纪检监察工作，及时回答大家所关注的反腐倡廉问题。其中，连续在《中国纪检监察报》刊发各类稿件 100 余篇，《奈曼旗"百村万户"示范点引领基层党风廉政建设》一文，获《中国纪检监察报》反腐倡廉新闻头条竞赛三等奖。

在切实加强领导班子和干部队伍建设的基础上，积极开展具有网络特点的反腐倡廉宣传教育，全面开通网络宣传培训、系列报道、在线访谈、论坛跟帖等栏目，正确引导网上舆论，有效回应网民关切，营造良好的网上舆论环境。在完善与公安、安全、工信、外宣等部门反腐倡廉联席会议制度的同时，普遍建立网上舆情信息监测和网上宣传工作制度，有序扩大舆情信息监测和网上宣传员队伍，不断增强反腐倡廉舆情网络信息监测和网上宣传的工作合力。同时，围绕内蒙古反腐倡廉的热点问题，及时掌握重大涉腐涉纪舆情信息和线索，积极开展重大涉腐涉纪舆情和线索收集、分析和研判，为掌握重大涉腐涉纪舆情和线索提供决策参考，从而妥善处置网上重大涉腐涉纪舆情和线索动态，消除非法、有害和消极信息的负面影响。为此，自治区纪委教育宣传室共编发舆情信息 12 期，上报中央纪委网络舆情信息 5 篇。

三 针对党员干部实际，有效推进
反腐倡廉宣传教育

以党员领导干部为重点，进行廉洁从政意识教育。按照《内蒙古落实〈干部教育培训工作条例〉的实施办法》和干部

教育培训规划的要求，各级党委（党组）把反腐倡廉决策部署作为中心组理论学习的重要内容，各级党校、行政学院把反腐倡廉教育内容列为培训干部的必修课。除自治区党委常委、纪委书记张力带头到厅局讲廉政党课外，各地各部门相应建立党政主要领导干部讲廉政党课的制度，在主要党员领导干部中普遍开展学习《中国共产党党员领导干部廉洁从政若干准则》、《中华人民共和国行政监察法》等党纪条规和国家法律法规活动，开展"坚持勤政廉政、促进科学发展"、"以人为本、执政为民"等主题教育活动。同时，实行新任主要党员领导干部和新录用国家公职人员廉政培训和廉政谈话制度，不断强化领导干部的廉洁从政意识。

以广大党员干部为对象，进行示范教育和岗位廉政教育。充分发挥先进典型的示范和带动作用，引导大家树立正确的人生观、世界观和社会主义核心价值观。2011年，自治区纪委牵头举办郝万忠同志先进事迹报告会，全区4000余名党员干部聆听了报告，受到极大震动和启发。2012年9月28日，郝万忠同志先进事迹报告会在北京人民大会堂举行，会前刘云山、何勇、孟建柱等有关中央领导亲切会见报告团成员并进行座谈，对郝万忠同志先进事迹和举办郝万忠同志先进事迹报告会给予充分肯定。全区各地主动宣传学习郝万忠同志的先进事迹，树立当地党员干部中廉洁从政的榜样，取得积极效果。同时，各地区各部门针对容易引发和滋生腐败的重要领域、重点部门、关键环节，通过民主生活会等形式，有针对性地开展岗位廉政教育，使党员干部明确岗位职责，认清权力风险，经常自我提醒，强化自律意识，从而提高抵御风险能力。

以预防为主，经常性地进行警示教育。警示教育是以反面典型案例为内容，有效利用已被查处的人和事教育和警示他人，使广大党员干部特别是主要领导干部从中吸取教训，提高反腐倡廉教育的威慑力。2009 年以来，全区 4000 余人（次）地厅级以上党员领导干部、6 万余人（次）县处级以上党员领导干部和 26 万余人（次）副科级以上党员领导干部参加各级各类警示教育大会。2012 年，又分别在全区国土资源系统、国资系统、教育系统召开三场警示教育视频大会。通过警示教育大会、案件剖析报告、拍摄警示教育片开展教育活动，使案件警示的效力在全区持续"发酵"，有效增强党员领导干部的廉洁从政意识和拒腐防变能力。特别是 2011 年，自治区党委常委、纪委书记张力在全区党员领导干部警示教育大会上，对已被查处的自治区党委原副秘书长白志明、呼和浩特市委原副秘书长张志新、鄂尔多斯市乌审旗原财政局局长乌云其劳 3 起违纪违法典型案件进行了深入剖析，各地区各部门 2 万多名党员干部分别在主会场和分会场参加了大会，无不受到深刻教育。中央纪委原主要领导贺国强、何勇等同志对此次大会作出重要批示，并对内蒙古反腐倡廉警示教育工作给予高度评价。与此同时，自治区纪委协同有关部门拍摄制作《以案明纪警钟长鸣》、《腐败案件庭审纪实》、《笑脸背后的罪恶》等 3 部警示教育片，其中尤以徐国元案件为题材的警示教育片《笑脸背后的罪恶》，以徐国元一张虚伪的"笑脸"贯穿整个案件和片子，令观者真切感到"笑脸"背后隐藏的罪恶。仅

2011年，全区共下发警示教育片5000余套，省部级干部30余人（次）、地厅级干部280余人（次）、县处级干部3800余人（次）观片受教育。各地区各部门还通过参观警示教育基地、服刑人员现身说法以及邀请纪委、检察院、法院和办案人员作警示教育报告等形式，反复提醒党员领导干部引以为戒。

四　面向社会各界群众，积极创新反腐倡廉宣传教育

按照中央六部委《关于加强廉政文化建设的意见》要求，认真挖掘、整理廉政文化资源，积极开展廉政文化创建活动，使反腐倡廉宣传教育从形式到内容实现不断创新。

建设廉政文化阵地和示范点。各地结合本地特色，建成一批与革命传统教育基地有机融合的廉政文化阵地。截至2012年，全区共命名自治区级廉政教育基地27个，成为党员干部日常接受廉政教育的重要场所和群众培养尊廉尚廉价值观念的生动课堂。呼和浩特市乌兰夫纪念馆被中央纪委、监察部评为首批50家全国廉政教育基地之一，每年参观的党员干部群众超过85万人次。同时，全区共创建自治区级廉政文化建设示范点107个，其中机关廉政文化建设示范点26个、社区廉政文化建设示范点24个、学校廉洁文化建设示范点22个、农村牧区廉政文化建设示范点20个和企业廉政文化建设示范点15个。

开展廉政文化"六进"活动。各地通过丰富多彩的机关

和社区廉政文化教育、廉洁从业教育和家庭助廉教育，推动廉政文化进机关、进社区、进学校、进农村、进企业和进家庭，不断拓展廉政文化建设的领域和空间。鄂尔多斯市准格尔旗在廉政文化"六进"活动中，全旗建成廉政文化公园10个，农村廉政文化大院12个，廉政图书屋100个，形成具有创新理念和时代气息的廉政文化建设模式。赤峰市、呼伦贝尔市等地召开廉政文化"六进"活动现场会，进一步把廉政文化创建活动引向深入。

创作廉政文化产品。各地以反腐倡廉为主题，推出一系列弘扬廉洁价值理念的思想性和艺术性俱佳的优秀文学、影视作品，产生良好的社会效果。内蒙古向全国廉政公益广告创意大赛选送的《不能让廉洁成为从政的短板》荣获二等奖，《廉政在于心》荣获三等奖。在中国优秀廉政视频展播活动中，呼伦贝尔市、赤峰市等地报送的《身边的感动》、《小村官大忙人》、《洞山村中"小纪委"》、《最后一行足迹》等多部作品获奖。

五　夯实反腐倡廉宣传教育基础，努力提升广大纪检监察干部素质

加强教育信息资料建设。报刊和书籍是反腐倡廉宣传教育的重要舆论工具，也是纪检监察干部联系人民群众的桥梁和纽带。自治区纪委始终重视发挥反腐倡廉教育宣传资料的宣传教育作用，积极做好教育宣传资料的收集、整理、编撰和发放工

作，满足各地区各部门开展廉政教育宣传工作之需，得到中央纪委宣教室和相关部门的表彰和肯定，被中央纪委宣教室和中国方正出版社评为"宣传教育学习用书发放先进单位"。

提高办刊质量。由内蒙古自治区纪委、监察厅主办的《时代风纪》杂志复制后，加强了采编队伍建设，充实了办刊力量，蒙文版、汉文版《时代风纪》已覆盖全区各级党政机关和企事业单位及广大农村牧区，成为加强反腐倡建设政策宣传、强化工作指导，反映社情民意，推动反腐倡廉教育的有效载体。

重视干部培训。针对基层纪检监察干部理论素质、业务能力、工作创新、办案能力不足的实际情况，内蒙古自治区纪委监察厅每年都要举办各种类型的培训班，比如，新任旗县纪委书记培训班、盟市监察局长培训班、企业纪检监察干部培训班等。2008年以来，平均每年举办各类相关培训班10余个，年均培训基层纪检监察干部1000多人次。

六　进一步推进反腐倡廉宣传教育的对策

（一）认真贯彻中央和自治区两个《实施意见》，确保反腐倡廉教育落到实处

在《内蒙古自治区加强党员领导干部反腐倡廉教育的实施意见》中，从强化责任意识、健全工作格局和完善落实措施3个方面，明确提出加强党员领导干部反腐倡廉教育的具体要求，为确保自治区教育任务落到实处奠定强有力的制度基

础。全区各级党委、政府和纪检监察机关要深刻认识加强党员领导干部反腐倡廉教育的重要性和紧迫性，把党员领导干部反腐倡廉教育工作列入党委、政府重要议事日程，纳入党风廉政建设责任制检查范围和教育培训整体规划，定期听取汇报研究解决影响和制约党员领导干部反腐倡廉教育的突出问题，并作为年度考核的重要内容以及创先争优的重要依据。各级领导班子成员特别是主要领导干部不仅要带头接受反腐倡廉教育，还要认真抓好职责范围内的领导干部反腐倡廉教育工作。各级纪检监察机关要加强组织协调、沟通情况和明确分工。各级组织人事部门重点抓好领导干部党性教育，落实好干部教育培训规划确定的廉洁从政教育培训任务。各级宣传部门重点抓好反腐倡廉理论学习和反腐倡廉形势政策、勤廉从政先进典型宣传教育。各级党校、行政学院要把领导干部反腐倡廉教育列入教育计划，保证课时和教学质量。各地要把领导干部反腐倡廉教育经费、廉政文化建设经费列入财政预算及组织部门教育经费专项支出，并随着财政收入增长和工作需要适时增加，为反腐倡廉教育工作的深入开展创造良好条件。

（二）注重反腐倡廉教育的针对性、层次性、灵活性和多样性，不断提升反腐倡廉教育质量

坚持以人为本和执政为民的科学教育理念，增强教育内容的针对性，注重教育对象的层次性，体现教育方式的灵活性，促进教育载体的多样性。在深化重点领域和关键环节改革的同时，密切把握党员领导干部思想脉搏，抓好党的优良传统和作

风教育、党纪法规教育、理想信念教育和道德修养教育，增强反腐倡廉教育的针对性。针对教育对象的不同岗位、不同职责、不同年龄，大力开展因人、因岗、因职等不同形式、不同内容的反腐倡廉教育，提升反腐倡廉教育的层次性。注重教育方式的整合和相互衔接，把正面示范教育和反面警示教育、岗位廉政和岗位风险教育有机结合起来，增强反腐倡廉教育的灵活性。在巩固"三会一课"等传统教育载体的基础上，认真挖掘和充实现有各类廉政教育基地资源，不断创新教育载体，广泛开展体验式、互动式、启发式教育，增强反腐倡廉教育载体的多样性。

（三）总结和推广廉政文化建设成功经验，扩大廉政文化建设的影响力

确立廉政文化发展的新视角、新理念，探索廉政文化更加生动形象的载体、品种、风格，增强廉政文化的亲和力、凝聚力，吸引社会各方积极参与廉政文化建设。把廉政文化创建活动同精神文明创建活动结合起来，突出先进思想和廉政文化自身内涵，引导广大干部群众在参与创建"六进"活动中自觉增强廉洁意识，推动廉政文化建设向纵深发展。

（四）建立通畅、高效、规范的网络信息平台，发挥人民群众的监督作用

加强全区纪检监察系统互联网阵地建设力度，建立通畅、高效、规范的反腐倡廉网络舆情信息监督渠道，为人民群众提

供一条便捷、畅通的监督渠道。整合网络监督资源，建立集反腐倡廉舆情信息收集、分析、研判及处置于一体的工作机制，做好信息发布和澄清是非、释疑解惑的工作。健全反腐倡廉网络舆情信息预警处置机制，对可能发生的网络舆情提前制定网络舆情的应急处置预案。努力打造网络廉政文化精品，用廉政文化精品占领网络阵地，选取贴近实际、贴近生活、贴近群众的反腐倡廉素材，塑造生动活泼的网络廉政文化形象，不断扩大廉政文化教育的吸引力和影响力。

B.3

加大监督检查力度
发挥纪检主体作用

——内蒙古反腐倡廉监督检查研究

常文清

摘　要：

> 监督检查是推进反腐倡廉建设的关键环节。加强
> 行政监督，促进科学发展；加强效能监察，促进
> 管理创新；整治突出问题，加强专项治理；加强
> 日常监督，促进干部廉洁从政。同时，要进一步
> 推进反腐倡廉监督检查，还需加大反腐倡廉监督
> 检查机制的建构力度、加大对领导干部特别是党
> 员主要领导干部的监督检查力度、加大对重要领
> 域和关键环节权力行使的监管力度，发挥各监督
> 主体的积极作用，以形成有效监督合力。

关键词：

> 监督检查　效能监察　日常监督

一　监督检查是推进反腐倡廉建设的关键环节

2008 年以来，内蒙古各级纪检监察机关抓住监督检查这

个推进反腐倡廉建设的关键环节，认真履行监督检查职能，加强对自治区一系列重大决策部署落实情况的监督检查，解决了一些干部为政不廉、用权不公乃至政令不畅等突出问题，为促进内蒙古经济社会又好又快发展营造了良好环境。2011年全区开展党风廉政建设民意调查结果显示，人民群众对反腐倡廉建设取得成效的满意度，较2008年上升了5.82个百分点。

二　加强行政监督，促进科学发展

内蒙古各级纪检监察机关紧紧抓住服务和保障科学发展这一主题，主动深入改革开放和经济建设的第一线，针对经济发展中的突出问题，确立工作重点，强化监督职能，会同有关部门围绕加快转变经济发展方式，加强对宏观调控、节能减排、环境保护、节约集约用地、保障和改善民生等重大决策部署落实情况的监督检查，促进了经济社会健康协调发展。

（一）开展对加快转变经济发展方式的监督检查

围绕内蒙古"十二五"规划的重点内容，成立了自治区转变经济发展方式监督检查工作领导小组，制订工作方案，召开全区电视电话会议，对全区加快转变经济发展方式监督检查进行安排部署。协调自治区有关部门，对专项工作各项任务进行了分解，定期开展督促检查，确保各项任务落到实处。2011

年9月，配合中央检查组对呼和浩特市、包头市、鄂尔多斯市等地区重点领域、重点项目进行了监督检查，对检查中发现的问题进行了及时整改纠正。

（二）开展对节约集约用地、矿产资源开发秩序的监督检查

内蒙古地广人稀，各类矿产资源十分丰富，合理利用开发土地矿产资源非常重要。针对当前一些地区存在的管理粗放、技术落后、资源浪费严重等现象，内蒙古各级监察机关会同国土资源管理部门、环境保护部门持续开展了对节约集约用地、矿产资源开发秩序的监督检查工作，查处了一批违纪违法问题。比如，对巴彦淖尔市有关部门采取以租代征等办法圈占农场土地问题进行了查处，责令停建违规项目，给予政纪处分3人；对赤峰市某县网球公园项目建设违规问题进行了调查核实，给予党政纪处分9人；对准格尔旗某镇政府及某煤电公司强行征收村民土地开采煤炭等有关问题进行了处理。

（三）开展对节能减排和环境保护政策落实情况的监督检查

督促相关部门严格执行节能减排和环保法律法规及政策规定，对完成"十一五"节能减排目标情况进行总体评价考核，落实奖惩措施，严格进行问责。会同环保部门继续开展"整治违法排污企业，保障群众健康"专项行动。2011年，全区各级监察机关共检查相关项目477项，查处违纪违法金额39.6万元，纠正违法违规问题214项，提出监察建议178项，立案13件，政纪处分3人。

（四）开展对加快水利改革发展政策落实情况的监督检查

内蒙古是一个缺水省份，水资源总量仅占全国水资源总量的 1.86%，水资源在时空和地域分布上极不均匀，不仅开发利用水资源的供给能力不高，而且防御旱涝灾害的调控能力也不是很强。这些水情特点，决定了水利在内蒙古自治区具有特殊重要的地位。为切实落实《中共中央、国务院关于加快水利改革发展的决定》、《内蒙古党委、政府关于加快水利改革发展的实施意见》两个"一号文件"精神，促进全区水利工程建设高效安全廉洁，自治区监察厅与水利厅建立了联合监督机制，在全区开展了水利重点项目的监督检查工作，共检查相关项目 226 项，纠正违法违规问题 152 项，提出监察建议 98 项。

（五）开展对安全生产法律法规和安全生产责任制落实情况的监督检查

内蒙古各级监察机关不断加强对安全生产法律法规和安全生产责任制落实情况的监督检查，严肃查处不依法行政、不履行或不正确履行职责、玩忽职守、失职渎职造成重特大事故的行为，严肃查处瞒报、谎报事故的问题，从严惩处重特大生产安全事故背后的贪赃枉法、权钱交易等腐败行为。2011 年，自治区纪委监察厅与自治区检察院、自治区公安厅、自治区安监局、自治区煤监局等部门组成联合调查组，对包头市杨圪楞煤矿长期违法建设和瞒报多起死亡事故案进行调查，给予党纪政纪处分 29 人，其中处级干部 2 人，科级以下干部 27 人；对

G6 高速公路 "10.28" 重大交通事故进行了调查,给予政纪
处分 11 人。

三 加强效能监察,促进管理创新

行政效能监察是《行政监察法》赋予行政监察机关的一
项重要职责。内蒙古各级监察机关围绕严肃行政纪律、规范行
政行为、改善行政管理,组织开展了行政效能监察工作,以保
证政令畅通、提高行政效能,进一步优化经济发展环境,推进
政府的职能转变。

(一)实施专项效能监察

各级监察机关结合实际,把规范行政行为、改进机关作风
作为效能监察的一个重点内容,运用多种形式检查行政机关在
依法行政、工作效率、工作作风等方面的情况。鄂尔多斯市监
察局开展了 500 家企业评议政府活动;乌兰察布市纪检监察机
关在全市设立 120 个优化发展环境监测点,专项监察行政机关
服务经济发展的情况。各地监察机关通过"作风建设年"、"整
顿机关作风、提高行政效能"等活动,通过明察暗访、组织社
会评议等对行政机关作风进行了监督检查,对发现的纪律松弛、
效率低下等问题进行曝光,对相关责任人进行了严肃处理。

(二)认真受理行政效能投诉

2007 年 3 月,自治区政府成立了行政效能投诉中心(设在自治区监察厅），主要职责是受理、调查和处理对行政机关和履行公共管理职能的单位及其工作人员不履行或不正确履行职能问题的投诉。全区12个盟（市）、81个旗县（区）也相继成立了行政效能投诉中心，开通了多种投诉渠道，建立了投诉办理、结果反馈、跟踪问效和检查通报等工作机制制度。群众可以通过来信、来访、网络等多种渠道投诉，投诉中心对投诉问题要有诉必接、有接必办。行政效能投诉成为群众监督政府，促进政府改善管理、改进作风、提高效能的重要渠道。2011年，全区各级行政效能投诉中心受理效能投诉1003件，其中本级行政效能投诉中心受理群众投诉341件，办结率97.9%，重点查处了一批影响经济发展环境和损害群众切实利益的问题。

（三）强化行政问责力度

实行问责是维护效能监察权威性、建设责任政府的重要手段，也是效能监察的重要内容。2009年6月，中央颁布《关于实行党政领导干部问责的暂行规定》（以下简称《暂行规定》），自治区纪委监察厅对《暂行规定》的贯彻执行专门进行了部署。在实施行政问责工作中，各地区注重把开展行政问责工作与维护改革发展稳定大局、落实党委政府中心工作任务相结合，重点对贯彻执行党委政府的重大决策部署不力、公共资金使用不当、投资项目出现失误以及损害群众生命财产的重特大安全事故等进行问责。2009年7月至2011年11月底，全区各级纪检监察机关共对党政领导干部问责63件。呼伦贝尔

市"问题乳粉"案、锡盟西乌旗林业局征地补偿案等一些行政不作为、乱作为损害群众利益问题的责任人被问责，取得了良好的政治、法纪和社会效果。

（四）推进政府创新管理方式

创新政府管理方式是建设服务型政府、提高行政效能的重要途径。各级监察机关通过开展监督检查，配合政府及有关部门推进"一站式办公"、"一个窗口对外"、集中审批模式的政务服务中心建设。截至目前，12个盟（市）都成立了政务服务中心，审批事项平均进驻率44%，平均办结率99.8%。81个旗（县、区）和2个开发区建成了政务服务中心，并逐步向乡镇街道延伸。自治区直属部门中，设立办事大厅10个，设立网上办事大厅16个。监察机关依托政务服务中心的电子政务平台推行电子监察，对行政审批、政务服务、公共资源交易等工作的各个环节进行实时监控，增强了监督的效力。此外，自治区监察厅积极探索政府绩效管理监察工作，把乌海市作为政府绩效管理试点，重点在指标体系的构建、评价方式的设定以及考评结果的运用等方面进行大胆探索，积累经验，为全面推开这项工作做准备。

四　整治突出问题，加强专项治理

2009年，在中央作出为期两年集中开展工程建设领域突出问题专项治理的部署后，内蒙古及时组建工程建设领域突出问题专项治理工作领导小组，并印发了实施方案，召开全区电视电话会议进行部署，要求把此项工作作为惩防体系建设的重要内容和抓手，下大力整治工程建设领域存在的突出问题，解决一些领导干部利用职权插手干预工程建设，大搞钱权交易、索贿受贿等腐败问题。自专项治理工作开展以来至 2011 年 10 月，全区共排查 100 万元以上项目 19712 个，排查中发现问题 20590 个，已纠正问题 13404 个，罚没、补交款项 14542.49 万元，立案 1064 件，党纪政纪处分 287 人（其中县处级 17 人），移送司法机关 107 人，组织处理 36 人。通过两年多的专项治理，全区工程建设领域突出问题得到一定程度的遏制。

（一）抓住重点行业领域进行集中治理

2011 年，自治区国土资源厅以卫片执法为重点，对全区 101 个县（市、区）进行了执法检查，共检查项目 5986 个，发现问题 392 个，已纠正问题 264 个；自治区交通运输厅共检查项目 471 个，发现问题 235 个，已纠正问题 183 个；自治区水利厅共检查项目 593 个，发现问题 99 个，已纠正问题 93 个；自治区住房和城乡建设厅检查工程项目 302 个，共发现问题 177 个，已纠正问题 75 个；呼和浩特铁路局检查建设项目 26 个，发现各类问题 603 个，已纠正问题 552 个。

（二）深化重点环节的治理

规范招标投标活动，对围标串标违法行为予以严厉打击，并对收取管理费出借资质、挂靠借用资质投标等问题进行专

项治理。进一步规范工程建设项目实施管理，着力治理转包和违法分包等问题。严格执行施工许可证和开工报告制度，禁止无证开工。规范工程建设项目质量安全管理，着力治理质量低劣等问题。着力规范工程建设项目决策行为，针对未批先建、违规审批行为进行严肃查处。强化环境保护法律法规的执行力，深入治理违反城乡规划管理规定变更规划、调整容积率等问题。另外，大力规范物资采购和资金使用行为，并对发现的违法、违纪问题移交相关部门进行严肃处理。

（三）全面推进工程建设领域信息公开和诚信体系建设

明确要求旗（县）级以上政府依托政府网站，在设立的工程建设项目信息和信用信息共享专栏，不但要及时、集中公开相关工程项目信息和信用信息，而且还要整合链接有关部门开设的信息公开专栏，推进项目信息和信用信息综合检索网络平台建设。截至 2012 年底，自治区工程建设领域项目信息和信用信息公开共享专栏平台共开通专栏 3763 个，发布各类信息 63351 条，在 2012 年中国政府网站专项绩效评估中名列全国第 7 位，较上年前移 15 位。

五 加强日常监督，促进干部廉洁从政

党员领导干部在社会政治生活中处于核心地位，其行为和作风对群众具有导向作用，直接关系到党在群众中的形象。为加强对党员领导干部的监督工作，各级纪检监察机关重点开展

了三个方面的工作。

以党员领导干部为重点，采取丰富多彩的形式，学习宣传《中国共产党党员领导干部廉洁从政若干准则》、《行政监察法》等法律法规，深入、持续地开展了针对党员领导干部的党性党风党纪教育，以有效增强他们廉洁从政的自觉性。

落实党内各项监督制度。着眼加强对关键岗位、薄弱环节的监督，内蒙古纪委出台了《加强对旗县（市、区）党政正职监督的暂行办法》。认真落实民主生活会、述职述廉、任职廉政谈话、诫勉谈话和函询及领导干部报告个人有关事项等制度规定。据统计，2008～2012年，自治区各级纪委负责人同下级党政主要负责人谈话22795人次，领导干部任前廉政谈话32881人次，诫勉谈话3162人次，函询1172人次，全区有153939名领导干部按要求进行了述职述廉。

注重发挥巡视监督作用。重点对全区各级党委贯彻执行党的方针政策及换届纪律执行情况开展巡视，对全区各盟（市）及部分旗县（市、区）进行了巡视，发现了各类突出问题，同时向被巡视地区、单位提出反馈整改意见，向自治区有关部门提出相关建议，推动了工作的开展。

六　进一步推进反腐倡廉监督检查的对策

（一）加大反腐倡廉监督检查机制的建构力度

在建设以惩防体系为重点的反腐倡廉建设格局中，监督检

查机制的有效构建是重中之重。应进一步适应社会主义市场经济发展的要求，建立和完善一套符合我国特点的、协调有力的、切实有效的党政监督检查机制。一是尝试建立相对独立的纪检监察体制，以增强监督的有效性。二是探索党代会常任制，既能加强党代表对地方党委领导干部尤其是一把手的监督，也能加强党员对党代表的监督。三是继续完善各类监督主体参加的联席会议制度，定期召开联席会议，相互通报和共同研究监督工作面临的新情况、新问题，明确工作任务和要求，协调解决实际问题，进一步促进党内外监督制约机制的协同发展。四是加强地方巡视工作。地方各级党委可以通过委派巡视组，深入地方有关地区或是部门、单位，增强自上而下的监督力度。

（二）加大对领导干部特别是党员主要领导干部的监督检查力度

针对反腐倡廉建设面临的新挑战、新任务、新要求，必须加强对党员领导干部特别是党员主要领导干部的监督。一是建立对党员领导干部特别是主要领导干部的调查考核制度，对调查考核的方法、范围和结果运用作出明确规定，在任前、任中和任期届满之时，进行廉洁自律度和群众满意度调查考核。二是完善对党员领导干部特别是主要领导干部的个人重要事项报告检查制度，明确报告的重要事项、报告内容和检查程序，检查结果在适当范围公示，对隐瞒真实情况的要严肃处理。三是实行对党员领导干部特别是主要领导干部定期轮岗交流制度常态化，具体规定交流的期限和程序要求，防止在一个单位或部门任期过长而可能导致腐败行为。四是明令推行党内情况定期通报制度，要求按照设定程序将主要领导干部的重要公务事项和重大决策执行情况向上级党组织报告，并向单位、部门党员干部进行通报，接受党内监督。五是把握重点对象、重点部门、重点时期和重点内容，加强对党员领导干部特别是主要领导干部等重点对象，执纪、执法和掌管人事权、财权、审批权等重点部门，党员领导干部婚丧嫁娶、工作调动、逢年过节、生病住院、申请出国、单位招聘等重点时期，党员领导干部特别在重大决策、人事任免、资金监管以及重点民生项目、重要工程建设招投标等方面的监督，增强权力运行过程的程序化和透明度。六是以贯彻落实民主集中制为核心，加强对党员领导干部特别是主要党员领导干部权力运行的制约，明确要求一把手不直接分管人事、财务、重点工程项目，凡属集体决策范围的重大事项，都需提交党委会集体讨论通过，并严格按照规定程序实行民主议事，民主决策。

（三）加大对重要领域和关键环节权力行使的监管力度

权力监督一直是反腐倡廉工作的核心命题。一是对重要领域和关键环节的权力要进行科学分解，形成由几个部门和几个人各司其职、彼此制约和共同把关，杜绝或减少权力行使者以权谋私的机会。二是对重要领域和关键环节的权力配置进行优化，逐步形成公开、公平、平等、竞争、择优的权力配置机制，为德才兼备的优秀人才走上领导岗位发挥才干提供制度保

障。三是加强对政务、财务、事务公开制度执行情况的监管，要求围绕政务、财务、事务三大内容，采取会议通报、负责人答疑、"点题公开"等形式，接受党员群众监督。

（四）发挥各监督主体的积极作用，形成有效监督合力

目前，我国已经初步建立起由权力监督、社会监督两大部分和立法监督、司法监督、行政监督、民主党派监督、群众监督和舆论监督六种形式所组成的党外监督体系。因此，要发挥各监督主体的功能和作用，形成有效监督合力，即一是要加强立法监督，二是要加强司法监督，三是要加强行政监督，四是要加强民主党派监督，五是要加强群众监督，六是要加强舆论监督。

B.4

始终高举反腐利剑
不断鸣响严惩警钟

——内蒙古反腐倡廉惩治查处研究

张　敏

摘　要：

惩治查处是推进反腐倡廉建设的主要手段。通过"以查促教、以查促管、以查促防、以查促建"的有效形式，达到查办案件既打"老虎"又拍"苍蝇"和既"治标"又"治本"的积极效果。通过规范信访举报渠道、健全办案协调机制、改进办案方法和手段、加快办案人才队伍建设、强化安全文明办案等多项举措，提高反腐倡廉建设科学化水平。

关键词：

反腐倡廉　惩治　查处

一　惩治查处是推进反腐倡廉建设的主要手段

内蒙古自治区各级纪检监察机关，始终保持惩治腐败的高压态势，把惩治查处作为基本职能、第一职能和核心职能，大力倡导"有案不查就是失职、不查处有影响的大案就是不尽

职"的观念，特别要求从百姓反映最强烈的问题抓起、从百姓最不满意的地方改起、从百姓最盼望的事情做起，紧紧抓住腐败现象易发多发的重要领域和关键环节，切实做到依纪依法办案、公正办案、文明办案，连续惩治查处一批在社会上有影响、有震动、有威慑力的大案要案，极大地提升人民群众对反腐败斗争的信心。通过惩治查处腐败案件，既让腐败现象的蔓延得到有力遏制，又为预防腐败现象的滋生创造条件，不仅在全区范围内起到了诫勉和警示作用，而且增强了反腐倡廉建设的政治、法纪和社会效果。据统计，2008 年 1 月至 2012 年 12 月底，全区纪检监察机关共立案 5338 件、结案 5239 件、处分 6191 人（其中，地厅级干部 23 人、县处级干部 265 人），为国家挽回直接经济损失 4 亿多元。

二　查办案件既打"老虎"又拍"苍蝇"

近几年，内蒙古纪委按照中央纪委的要求和部署，加大查办案件的力度。在大案要案查办上，坚持有案必查、有腐必反，严惩不贷。党的十七大以来，内蒙古纪委先后查处了赤峰市原市长徐国元，锡盟盟委原副书记蔚小平，自治区党委原副秘书长白志明，自治区政法委原副书记、防范邪教领导小组办公室原主任杨汉中，兴安盟原副盟长赵云翔，兴安盟人大工委原副主任刘振才，巴彦淖尔市原副市长李石贵，内蒙古贸促会原副会长莘文印，巴彦淖尔市临河区原区长薛维林，兴安盟国土资源局原局长程建强，中石油乌兰察布销售分公司原党委书记殷贵花，鄂尔多斯市乌审旗财政局原局长乌云其劳等一批领导干部严重违纪违法案件。此外，还配合、协助中央纪委查处了自治区原副主席刘卓志违法违纪案、呼和浩特市委原副秘书长张志新侵吞国有资产案、自治区铁路重点项目协调办公室原副主任牛志美严重违纪案。盟（市）、旗（县、市、区）纪委办案力度也在不断加大，查处了一批在当地有影响的重要案件。这些大案要案的查处，在社会上产生较好的惩治和震慑效果，为领导干部廉洁从政、明辨是非树立起一面镜子。在对待群众身边的腐败问题上，自治区纪委态度坚决，坚持从严从快查办。比如，党的十七大以来，全区共纠正农村牧区土地承包、流转、征收和征用、拆迁中损害农牧民权益问题912件，立案查处59件，13人受到党纪政纪处分。2011年，全区查处了一些学前教育和义务教育阶段学校以各种名目乱收费的案件，涉案金额1450余万元，已清退1130多万元，给予201人党政纪处分或其他处理。再比如，食品药品安全方面，严肃查处了"问题奶粉"案件共3460件，涉及金额4226万余元，给予党纪政纪处分48人。开展商业贿赂专项治理工作，共查处商业贿赂案件265件，涉案金额4285.12万元，对有关人员进行处理。通过有力的惩处，对促进地区经济社会的健康发展、营造公平正义的社会环境起到了"保驾护航"的作用。

三　查办案件既"治标"又"治本"

通过查办案件的实际成效取信于民，增强了惩腐教育的说

服力、制度的约束力和监督的威慑力，既让腐败现象滋生蔓延的势头得到遏制，又为"治本"和预防创造条件。从近年来内蒙古纪委案件查办工作来看，治本的功能主要体现在以下几个方面。

以查促教。2009年查办赤峰市委原副书记、市长徐国元案件，2010年查办的锡林郭勒盟盟委原副书记蔚小平案件，以及2011年查办自治区党委原副秘书长白志明、鄂尔多斯市乌审旗财政局原局长乌云其劳、呼和浩特市委原副秘书长张志新的重大腐败案件后，自治区先后召开党员领导干部警示教育大会，对案情进行深入剖析，针对案件中暴露的突出问题，从体制机制上建章立制、堵塞漏洞。各盟（市）也纷纷利用典型案件广泛开展警示教育，切实做到查处一起重大案件，达到教育一批干部、完善一套制度、促进一方工作的目的。

以查促管。全区各级纪检监察机关把依纪依法、安全文明办案要求贯穿到案件查办的全过程，坚持文明办案，切实保障被调查人员的合法权益，严格履行办案程序，严格审批、严格管理、严格实施"两规"措施，不断加强内部的监督管理，提高业务工作能力和水平。如2008年以来，自治区纪委对办案程序、办案措施、办案纪律进行细化，明确办案人员、陪护人员、医疗保障人员和办案场所等具体安全责任，实行严格的责任制，出台了关于案件线索受理、办案程序、案件监督管理等方面规章制度19项。自治区纪委成立了机关纪委，完善了机关纪委、案管室、干部室规范内部监督的制度，进一步加强了机关的内部监督。

以查促防。根据全区案件查处情况，自治区纪委针对容易滋生腐败的重点领域和关键环节，督促相关部门和部分地区建立和完善反腐倡廉相关制度 1600 余项，特别是针对矿产开发、工程建设、土地出让等领域腐败现象易发多发的领域，建立调查分析和专项治理制度，围绕资金监控、权力制约和规范从政行为等，专题研究有关事项 11 项。在全区部署推进了廉政风险防控工作，有力地推进了相关部门和各盟市源头防治腐败工作，提高了反腐倡廉建设科学化水平。

以查促建。除努力做好源头防腐、铲除腐败滋生滋长的土壤等工作外，内蒙古纪委还将推动党风廉政建设和严惩腐败与表彰先进相结合，对在党风廉政建设和反腐败斗争中取得突出成绩、做出重要贡献的集体和个人进行嘉奖。2011 年，对查处徐国元违纪违法案件、查处蔚小平违纪违法案件工作中表现突出的办案人员进行了表彰，131 名先进个人受到记功和嘉奖。这不仅是对纪检监察干部在查办案件过程中勤奋敬业、坚持原则、秉公执纪态度的一种肯定，更对加强廉政文化建设，引导社会新风正气的形成起到了导向作用。

四　进一步推进反腐倡廉惩治查处的对策

（一）规范信访举报渠道，注重案件线索研判

信访举报作为案件来源的主渠道，是纪检监察机关掌握案件线索、惩治腐败的着力点。针对当前腐败现象日益复杂、

案件线索掌握难度加大的情况，还应继续规范信访举报渠道。特别注重从媒体舆情中发现案件线索，关注新闻媒体和网络舆情中反映的热点问题，及时监控、科学分析、妥善处置有关违纪违法问题线索，充分发挥社会各界特别是人民群众在反腐倡廉建设中的重要作用。同时，改进纪委主要领导批示、交办信访件办理流程，分类对案件线索实行集中管理，有效防止线索流失和多头交办，推动案件线索的科学化管理。进一步完善主要领导听取办案工作汇报和集体排查重要线索的工作机制，充分发挥巡视工作在揭露腐败问题、发现案件线索方面的独特优势和作用，注重从查办案件中发现新的案件线索，针对当前窝案、串案、案中案明显增多的情况，认真分析、研判正在查办的案件中的线索，不断扩大办案工作成果。

（二）健全办案协调机制，发挥查处综合能力

发挥各级党委反腐败协调小组的作用，加强对重大案件的协调、指导、督办和纪检、审判、检察、公安、监察、审计等执纪执法机关的协作配合，加大案件调查、移交移送、起诉、审判和相关政策法律适用等事项的协调力度，形成惩治腐败的整体合力。同时，选择具有典型性的案例，通过多种形式大力开展警示教育，提高针对性和有效性，针对发现的苗头性、倾向性问题，通过诫勉谈话和函询的形式强化对干部的监督制约。对带有普遍性的问题，要持续开展专项治理，防止蔓延成风。切实抓好建章立制。针对案件暴露的体制机制方面的漏

洞，主动邀请发案地区、单位和部门一起参加案件剖析，提出改革和完善的意见与建议。

（三）依法依纪履行职责，强化安全文明办案

按照中央纪委有关安全文明办案的规定和要求，继续把安全办案放在查办案件工作的首位，强调没有安全就没有办案，安全是办案之本。保障被调查人员的合法权益，坚决杜绝逼供、侮辱、打骂、虐待、体罚和变相体罚现象的发生。严格履行办案审批手续，尤其要严格审批、严格管理、严格实施"两规"措施，把依纪、依法文明办案的要求贯穿到每个正在查办的案件以及办案的每个环节。结合办案工作实际，对案件线索管理、办案程序、办案措施、办案纪律、办案人员、陪护人员、医疗保障人员和办案场所等方面的目标责任进行细化，实现安全文明办案规范化，保证查办案件全过程的无缝对接。积极践行"以人为本，执纪为民"的理念，并贯彻到执纪办案当中，更加讲究办案艺术、办案策略，特别是与被调查人的谈话技巧，综合运用逻辑推理、综合分析以及各方面相关知识，准确把握被调查人的心理活动和情绪波动，牢牢掌握谈话的主动权，做到文明办案、人性化办案。

（四）改进办案方式和手段，提高突破大案要案水平

要不断改进办案方式和手段，增加办案科技含量，提高查办大案要案的能力和水平。着力提高案件初核能力和取证能力，通过耐心细致的思想工作和细腻的心理把握，发挥政策的

威慑力和人文关怀的感召力，积极采用现代科技手段等措施调查取证、突破案件，使每一起案件都做到以确凿证据和严格依照法规条例对其定性、定案。要着力提高组织协调能力，健全腐败案件及时揭露、发现、查处机制，不断探索建立上级纪委指导或者指定办案、交叉办案等机制制度，建立健全跨区域协作办案和防逃、追逃、追赃机制，切实使查办案件工作协调顺畅、运转高效。

（五）改善办案基本条件，加快办案人才队伍建设

要结合办案工作实际，认真贯彻、落实《关于进一步加强和改进纪检监察干部队伍建设的若干意见》，切实把加强办案队伍建设当作一项重要任务抓紧、抓好，以使查办案件岗位成为纪检监察干部锻炼和成长的平台。继续推行干部选拔任用初始提名权改革，不搞照顾、不搞论资排辈，把业务素质好、案件突破能力强、熟悉办案业务、遵守保密纪律、清正廉洁的同志提拔到查办、审理案件工作的重要岗位上来。注重办案人员的结构搭配，不断推进办案队伍和审理队伍年龄结构、性别结构、知识结构的优化，特别是把民族结构的改善放在更加重要的位置，把优秀的青年民族干部充实到办案工作第一线。严明办案纪律特别是保密纪律和廉政纪律，加强对办案人员的日常管理和监督，对出现的苗头性、倾向性问题要及时提醒、坚决制止，对不适合在办案岗位的工作人员要及时发现、坚决调离，对违纪违法的办案人员要坚决查处。

B.5

力纠各种不正之风
切实维护群众利益

——内蒙古反腐倡廉纠正不正之风研究

任丽慧

摘 要：

纠正不正之风是推进反腐倡廉建设的有效途径。把群众最关心、最直接、最现实的问题作为纠正不正之风的着力点，把民主评议作为促进政风行风建设的有效手段，从惠农惠牧政策的落实、食品药品安全监管、"四项资金"的管理和使用等各个方面进行了具体阐述，并提出进一步推进反腐倡廉纠正不正之风的积极对策。

关键词：

纠正不正之风　专项治理　政风行风

一　纠正不正之风是推进反腐倡廉
建设的有效途径

全区各级纪检监察机关和政府纠风部门，按照中央纪委监

察部和国务院纠风办对纠风工作的总体要求和部署要求，围绕内蒙古党委、政府改善和保障民生、优化经济发展环境的重点工作，进一步加强政风行风建设、规范行政执法行为和清理乱收费、乱罚款、乱摊派等问题，切实减轻基层政府、企业以及城乡居民负担，以遏制不正之风的滋生蔓延。仅 2011 年，全区共办理纠风案件 1580 起，其中涉农涉牧案件、违法违规强制征地拆迁案件、医药购销和医疗服务违规案件、教育乱收费案件以及"四项资金"监管案件涉案金额 3128.46 万元，有406 人受到责任追究，47 人受到党纪政纪处分和其他处理。

二 把群众最关心、最直接、最现实的问题作为纠正不正之风的着力点

自治区纪检监察机关和政府纠风部门围绕群众诉求，突出抓了七个方面的纠风和专项治理工作，使人民群众真切体会到了党和政府解决损害群众利益突出问题的力度和决心。

（一）纠正损害农牧民利益行为，促进惠农惠牧政策落实

着眼国家和自治区近年来持续加大对"三农三牧"的投入，财政支出用于农村牧区的总量、增量大幅提高的实际，自治区纪委监察厅和纠风办加大了对惠农惠牧政策落实情况的专项检查，对资金管理和使用不规范、土地草场承包政策不落实等方面的问题，进行认真检查并要求相关部门限期整改。通过检查，纠正了一些违规使用惠农惠牧资金和侵害农牧民土地草

场承包权益的问题。在此基础上，2011 年，着力抓了草原生态保护补助奖励政策落实情况的监督检查，坚决防止出现截留、挪用和贪污等违纪违法问题，确保资金安全和农牧民得到实惠。先后下发了《关于严明纪律确保草原生态保护补助奖励资金安全发放的意见》、《关于开展农村牧区土地草场承包经营政策落实情况调查摸底的通知》和《关于进一步开展清理党政机关、企事业单位及其工作人员占用草牧场的通知》。自治区纪委联合自治区党委农办、财政厅等 5 个部门，深入到 12 个盟（市）和部分旗（县）、苏木、嘎查村及牧户开展了草原生态保护补助奖励机制落实情况督查。截至 2011 年 12 月，全区已累计发放补奖资金 25.7 亿元，占应发放数的 72.2%。此外，全区还纠正和查处农村牧区关于土地草牧场承包、流转、耕地占补平衡、土地整治的案件 175 件；查处哄抬农资价格、制售假劣农资坑农害农问题 341 件，涉及金额 822.9 万元；涉及乱收费、乱罚款、乱摊派等损害农民切身利益问题的案件 15 件，追究 9 人的责任。查处的一批典型案件社会反响强烈，赢得了群众的广泛好评。

（二）纠正违法违规征地拆迁行为，抓好保障性安居工程建设

根据群众反映部分地区不按规定征地、私自改变土地用途和确定征地补偿标准等突出问题，自治区各级纪检监察机关加大了治理力度，严肃查处非法截留、挪用补偿款以及先拆迁后补偿等违规的拆迁行为，严厉打击拆迁过程中官商勾结、徇私

舞弊，以及采取非法手段强迫搬迁，损害搬迁人切身利益的行为。进一步加大了对农村土地征用、流转程序的监管力度，着力保护被征地农牧民的合法权益。为了保证政府投资 27 亿元的保障性安居工程建设顺利实施，自治区纠风办从防范和纠正保障性住房建设、配置、管理等环节的不正之风入手，督促建设部门及时向社会公众公开保障性安居工程建设计划、建设进度、资金的管理使用、工程质量和分配使用情况，以建设过程公开透明、分配结果公平公正，保证群众的合法权益，使这项民生工程真正惠及群众。

（三）纠正医药购销和医疗服务不良行为，深化医疗体制改革

看病难、看病贵，群众反映强烈，一直是困扰各级政府的一个顽疾。针对这个问题，各级纪检监察机关加大了对医改政策执行过程和资金落实情况的监督力度，坚决纠正和严厉查处滥检查、大处方、乱收费、收受回扣和"红包"等违规乱纪问题；继续抓好抓实医德医风建设，完善院务公开制度、健全医德医风考评及医院内部管理等方面的制度建设；对以上违规问题，发现一起，就要严厉查处一起。2011 年，全区共查处挤占、截留、挪用、骗取医药卫生体制投入资金和城乡居民基本医保资金问题 45 个，涉及金额 94.05 万元；查处收受回扣、红包、开单提成和各种乱收费问题 239 个，责任追究 313 人。以自治区为单位的药品集中采购取得新进展，全年集中采购总金额为 85.66 亿元，降价总金额 6.08 亿元，降价幅度为 21.7%。

（四）纠正危及群众健康的食品、药品安全行为，建立监管责任体系

食品、药品安全问题事关群众健康，社会关注度高，影响大。内蒙古各级政府始终把这一问题放在突出位置，采取有效举措保证群众的身心安全不受损害。在工作机制方面，明确并严格落实食品安全各个环节的监管职责；在制度建设方面，按照制定的《食品安全事故调查处理办法实施细则》和《食品药品安全问题责任追究暂行办法》等相关条例，建立了食品安全事故报告、调查、处理和责任追究相关机制，严肃查处失职、渎职等行为；在技术支撑上，利用药品检验、药品不良反应监测等专业技术手段，充分发挥科学技术在食品药品安全监测方面的作用。2011 年，全区共查处食品安全责任追究案件 5 件，责任追究 9 人；查处药品安全案件 466 件，19 人受到党纪政纪处分或其他处理。特别是对"问题乳粉"等典型案件的查处，取得了良好的社会效应。

（五）纠正"四项资金"管理使用中的违法违规行为，健全资金管理使用相关机制

一些涉及民生的政府专项资金，如社保基金、住房公积金和扶贫、救灾救济资金的管理和使用关系到老百姓的切身利益。我们欣喜地看到，内蒙古将这"四项资金"的管理监督作为纠风工作的重点，通过严厉查处，及时纠正资金分配、管理、使用过程中的违法违纪行为，确保了党和政府的惠民政策

真正落到实处，有效惠及人民群众。这些实实在在的举措，有力地维护了群众的切身利益。

（六）纠正庆典、研讨会、论坛不规范行为，重在严格审批手续

各种庆典、研讨会、论坛过多过滥，浪费了大量人力、物力、财力，多年来饱受群众诟病，社会影响极坏。为此，内蒙古及时召开了"开展清理规范庆典、研讨会、论坛工作专项治理工作电视电话会议"，并以自治区党办、政办的名义印发了《关于开展清理和规范庆典、研讨会、论坛活动的实施意见》的文件，对 2011 年举办和拟举办的庆典、研讨会、论坛活动全面开展审核并清理，对那些不符合规定的坚决予以撤销和取缔；针对工作中存在的突出问题，结合实际情况制定具体措施，建立健全规范庆典、研讨会、论坛活动的长效机制。通过努力，取得了实实在在的成效，全区共取消庆典、研讨会、论坛 18 个，清理规范庆典、研讨会、论坛活动，节约经费 337.5 万元，与上年相比减少了 31 项，节约经费 1090.67 万元。

（七）纠正乱收费、乱罚款行为，切实减轻城乡居民负担

"百年大计，教育为本"。内蒙古各级纪检监察机关和政府纠风部门始终把纠正教育领域的不正之风作为纠风工作的重点内容，特别是农村义务教育"两免一补"资金、学前教育收费行为，中小学服务性收费和代收费行为等，都纳入监管视野。自治区纪委监察厅与自治区教育主管部门加大对挤占、截留、挪用、骗取国家教育经费问题的查处力度，对各级各类学校乱收费问题长期开展专项治理，及时纠正和查处地方政府和部门违规收费问题，每年都有违规违纪者受到党纪政纪处分和其他处理。此外，针对公路"三乱"问题、电信乱收费行为和涉企乱收费行为等，做到了发现一起查处一起，赢得了群众的信任和支持。

三 把民主评议作为促进政风行风建设的有效手段

民主评议政风行风是在纠风工作中产生和发展起来并被实践证明行之有效的一项工作制度，是依靠人民群众促进各部门和行业政风行风建设的一种有效形式，是保证人民群众直接行使民主监督权力的一项重要制度，是落实"纠建并举"纠风工作原则的重要举措。为了充分发挥民主监督的作用，自治区纠风办专门聘请人大代表、政协委员、民主党派人士、人民团体、新闻单位及学校、企业代表等相关部门的代表组成政风行风评议员，就一些社会反响大、影响行业风气的突出问题开展"面对面评议"，实现了针对政府部门、公共服务行业的有效监督，公众把这一举措称之为遏制部门和行业不正之风的"撒手锏"。

（一）分类施评与综合评价相结合，保证了评议结果的客观性

自治区纠风办主要依据参评部门和行业的职能将其划分为

八个序列。对行政执法部门的评议，主要是围绕转变政府职能、严格依法行政，切实解决行政不作为、乱作为和有法不依、执法不公等问题。对公共服务行业的评议，围绕提升部门服务质量、加强诚信服务，切实解决损害群众利益的行为。自治区纠风办为确保评议结果的客观公正性，在对服务对象进行察访、电话、网络等多种形式的调查之后，再进行综合评价，进行打分，对成绩好的部门和行业进行表彰奖励，对评议结果不合格的部门和行业进行通报批评。

（二）问卷调查与网上评议相结合，增强了评议结果的民主性

通过调查，我们了解到，自治区在对公共性较强部门和行业的民主评议中，采取了评议组直接进入服务大厅、营业大厅现场进行问卷调查，把群众的满意度和意见建议作为评议的重要标准，同时注重发挥互联网的积极作用，对所有进行民主评议的单位和行业展开网上评议。为了避免网上评议带来的弊端，消除因个别网民评议不属实的负面影响，同时还采取了网络信息监控、正面引导和甄别筛选等方法，使群众的真实心声得以表达，将评价权真正交给了群众。

（三）整改落实与跟踪回访相结合，提高了评议结果的实效性

群众和企业反映的问题是否得到有效解决是衡量民主评议工作的重要标尺。在评议结束后，自治区民主评议政风行风领导小组办公室把能够收集到的意见建议进行及时汇总梳理，及时反馈给各参评单位，制定整改方案、积极组织整改、报告整

改情况。同时，上一年度的评议结果在下一年度评议时，各参评单位要将整改情况作为重点内容进行跟踪，这样就有效促进了部门和行业的服务职能的转变和提高。

四　进一步推进反腐倡廉纠正不正之风的对策

（一）建立和完善纠风工作责任制

纠风工作量大面宽，头绪繁杂，任务繁重，必须坚持综合治理、齐抓共管，建立和完善党、政府、部门、监察机关和纠风办组织协调的领导体制和工作机制。一是要落实"党委统一领导，政府部门主抓，纪检监察机关组织协调、人民群众广泛参与"的纠风工作领导体制和工作机制，使损害群众利益的问题有人抓，有人管。二是要落实各部门和各行业的责任。坚持"谁主管谁负责"和"管行业必须管行风"的基本原则，做到分工明确，责任清晰。牵头部门要加强组织协调，相关责任部门要密切配合，其他部门和行业也要制定具体措施，积极主动纠正本行业中的不正之风。三是要落实各级纪检监察和纠风部门的责任。要针对纠风工作中出现的新情况、新问题，提出具有可操作性的解决对策和具有针对性的建议。

（二）建立和完善纠风工作长效机制

要从根本上解决不正之风问题，一是与党的群众路线教育实践活动结合起来，引导广大党员干部不断加强党性修养和职

业道德建设，提高工作自觉性、自律性，切实解决好为谁服务的问题，坚决抵御不正之风的思想来源；二是与深化改革结合起来，着力打破一些影响纠风工作深入开展的体制机制性障碍，完善各种纠风工作制度，及时总结纠风工作中的经验和不足，防止问题重复性发生；三是与落实党风廉政建设责任制结合起来，深入开展民主评议行风活动，推行"以评促纠、以评促建"，积极树立优良的行业新风。

（三）建立和完善纠风工作考核评价机制

在2011年自治区出台《纠风工作考核评价办法》的基础上，进一步建立和完善纠风责任考核评价体系，把各地区各部门履行纠风工作职责情况纳入党风廉政建设责任制考核、政府绩效管理考核之中，逐步建立起任务明确、责任清晰、评价科学、奖惩分明的纠风工作考核评价机制。以企业和群众是否满意作为评价标准和依据，切实保障群众的知情权、监督权，促进部门和行业改进作风、优化服务、提高效率。结合自治区纠风工作的新形势、新任务，要紧紧围绕与经济社会发展、群众利益密切相关及社会关注度高的政府部门和公共服务行业，不断创新评议形式、手段和方法，把集中评议与常态评议相结合，进一步畅通群众直接反映不正之风问题的信息渠道，使民主评议与民主监督的机制常态化。

B.6

实施改革治本之策
积极推进"三制创新"

——内蒙古反腐倡廉改革与制度建设研究

朱　檬

摘　要：

改革与制度建设是推进反腐倡廉建设的治本之策。推进反腐倡廉建设体制创新、机制创新、制度创新，并以"三制创新"这一建设性的思路、举措和方法，将行政审批制度改革向简政放权方向推进、干部人事制度改革向科学民主方向推进、财政体制改革向科学性和完整性推进、公共资源交易向市场化透明化推进、司法体制改革向公平正义向推进。

关键词：

反腐倡廉　改革　制度建设

一　改革与制度建设是推进反腐
倡廉建设的治本之策

自治区纪委和各级纪检监察机关，坚持用发展的思路、改

革的办法和创新的精神，最大限度减少体制障碍和制度漏洞，着力推进体制创新、机制创新、制度创新，并以"三制创新"这一建设性的思路、举措和方法推进反腐倡廉改革与制度建设，以达到治本目标。2008 年以来，内蒙古共建立和完善反腐倡廉相关制度 1600 余项，涉及改革内容 580 余项，切实提高反腐倡廉制度化、规范化和科学化水平。

二 行政审批制度改革向简政放权方向推进

围绕行政审批制度改革和政务公开工作，自治区政府印发了《关于进一步推进全区政务公开工作的实施意见》等制度。2011 年自治区本级取消、调整了 262 项行政许可项目，取消了 65 项行政事业性收费，分别占原有项目的 39% 和 55%。全区各地积极构建网上审批和电子监察系统等行政审批阳光服务机制。呼和浩特市、锡林郭勒盟、鄂尔多斯市、乌海市实现了政务在网上公开、公共资源在网上交易、资金在网上运行、监督在网上实施，提高审批效率和有效预防腐败成效初步显现。全区 12 个盟（市）和 80% 的旗县（市区）成立了政务服务中心，40% 的苏木乡镇设立了便民服务大厅，2000 多个嘎查村和社区居委会设立了代办点和服务站，7 个区直部门设立了服务大厅。如呼和浩特市建成了三级政务服务体系，全市政务服务中心在市本级建立了 1 个综合服务大厅和 6 个专业服务大厅，简称"1 + 6"模式，45 个职能部门审批办、233 名审批工作人员整建制进驻开展业务。市本级部门审批事项由过去的

708 项减少到 235 项，减幅达到 66.8%，同时取消和停止征收 108 项行政事业性收费项目。锡林郭勒盟基本实现了便民服务大厅全覆盖，代办点在苏木乡镇、嘎查村的覆盖面达 95%，为基层群众办理与日常生活密切相关的事项提供了极大的方便。

三　干部人事制度改革向科学民主方向推进

干部初始提名的民主程度不断提高，推行干部选拔任用公推竞职提名"五步法"；竞争性选拔干部工作力度不断加大，2012 年全区公开选拔干部 530 人，通过竞争上岗方式选拔干部 1677 人；从基层一线干部培养选拔干部的模式得到巩固，注重从具有基层工作经历的人员中选拔上级党政机关干部，2012 年自治区、盟市党政机关分别从基层一线选拔干部 85 人和 588 人，有 56 名嘎查村干部被选拔为苏木乡镇干部；干部交流锻炼工作日趋制度化，2012 年全区干部交流轮岗 5886 人次，其中厅级 71 人次、处级 1516 人次、科级 4299 人次，干部队伍活力进一步增强。干部考核评价机制制度更加科学健全，自治区研究制定了《关于加强和改进党政领导班子年度考核的意见》，在考核指标上，加大了民生改善、社会稳定、党建工作等方面的赋分权重，新增了非煤产业发展、实施"双百亿"工程等考核指标；在考核办法、完善考核内容、扩大考核民主、强化结果应用方面，针对不同考核对象类型，分别制定了《平时考核办法》、《年度考核办法》、《任期考察办

法》、《换届考察办法》、《任职考核办法》等制度，形成了各有侧重、各具特色、有机联系、相互配套、有效运行的领导班子和领导干部综合考核评价工作机制。干部监督管理更加到位，研究制定了《加强对旗县（市区）党政正职监督的暂行办法》、《落实廉政责任制切实解决干部选拔任用工作中几个突出问题的若干意见》、《干部任前考察档案审核暂行办法》等20多个规范性文件，出台了《内蒙古自治区党委管理的党政主要领导干部"三责联检"暂行办法》、《内蒙古自治区党委组织部与干部双向约谈工作暂行办法》等6个配套办法，进一步推进干部管理监督的制度化、规范化和科学化水平。

四 财政体制改革向科学性和完整性推进

财政改革和管理稳步推进。完善政府预算体系，规范预算编制程序，做到细编、早编预算，预算编制的科学性和完整性不断提高。深入调研，召开联席会议分析形势，积极支持税务部门等加强税收征管，做到了应收尽收。建立财政支出进度定期通报制度，全区财政支出进度进一步加快，财政资金使用效率和效益明显提高。积极推动国库集中支付改革和公务卡制度改革，圆满完成国家确定的工作目标。清理撤并财政专户1017个，自治区和各盟（市）本级财政专户全部归口国库管理。财税库银横向联网稳步推进，缴税2375.2亿元，征缴效率大幅提升。建成全区各级财政"金财工程"应用支撑平台，初步实现了区、市、县三级贯通。扩大政府采购范围和规模，全区实际采购规模达到 319.8 亿元，同比增长 28%，资金节约率为 9.3%。加强财政监督，开展了"一卡通"涉农涉牧资金发放、会计信息质量、"三农三牧"等重点项目检查，确保财政资金使用安全，保障了中央和自治区政策的有效落实。加快推进预决算公开，向社会公开了 2011 年度自治区本级财政总决算，12 个区直部门试点公开了 2011 年部门决算、2012 年部门预算和 2011 年"三公经费"、行政经费决算。自治区财政厅被财政部选定为全国依法行政依法理财省级部门示范点，全区依法行政依法理财工作取得新的进展。

五　公共资源交易向市场化和透明化推进

充分发挥市场在资源配置中的基础性作用，国有土地使用权的出让基本实现市场化。全区采矿业，二、三产业用地，除国家规定可以以划拨方式供应的国有建设用地外，全部实行了市场化配置。据统计，2011 年，全区土地出让 16644.72 公顷，其中以招拍挂方式出让供应土地 14570.22 公顷，占出让总面积的 87.54%；以协议方式出让土地 2074.5 公顷，占出让总面积的 12.46%。2012 年，全区土地出让 12627.84 公顷，其中以招拍挂方式出让供应土地 11461.97 公顷，占出让总面积的 90.77%；以协议方式出让土地 1165.87 公顷，占出让总面积的 9.23%。应招牌挂方式供应的土地全部以招拍挂方式出让，土地市场运行规则体系基本形成。经过多年来的努力，土地市场监管监督体系建设取得明显成效，尤其对土地行政、

土地市场活动主体的约束机制进一步完善，市场的公开、公平、公正性显著提高。在国土资源系统内部，形成了一套自上而下的业务指导、检查、督促落实、完善制度。全区各级国土资源系统通过各种媒介、采取多种形式全方位公开了与土地市场有关的政策法规、办事程序和规则，做到了适时公布城镇基准地价和发布可以公开的土地出让过程的全部信息，既是便民措施，更是接受各方面监督的根本措施。横向部门中，纪检监察、发改、财政、城建规划等部门在落实土地供应政策、土地收购储备、出让土地条件设定、出让金管理等方面都出台了相关规定，形成了相互监督制约机制，保障了土地市场的健康发展，土地市场监管机制基本到位。

自治区国土资源厅在已有制度的基础上，先后制定了《关于全面整顿和规范矿产资源开发秩序的意见》、《关于进一步规范矿业权管理加强煤炭资源勘察开发管理的意见》、《矿产资源有偿使用管理办法》、《矿业权招标拍卖挂牌管理办法》、《矿业权交易服务中心交易规则》等一系列规范性文件，使矿产资源出让制度体系日益完善，为矿业权市场的可持续发展提供了有力保障。在探索总结近年来委托盟（市）以招牌挂方式出让矿业权工作的同时，进一步培育和发展矿业权交易市场，规范矿业权交易行为，于2008年12月成立了矿产权交易服务中心，对属于自治区国土资源厅管理权限、原由盟（市）国土资源局组织实施市场出让的矿业权，全部纳入该中心统一进行出让。自治区矿业权出让一级市场建立和发展，大大减少了人为因素对矿业资源出让的干预和控制，从源头上防止了矿业权不正当交易行为。推进矿产资源阳光交易。按照公开、公平、公正、透明原则，建立了信息公开机制，对于各盟（市）上报国土资源厅审核同意并批准实施招拍挂出让的矿业权项目，交易服务中心在交易起始日前 20 日，利用《国土资源报》、《内蒙古日报》、国土资源厅网站等媒体向社会发布。建立了资质审查机制，凡具备相应资质的企业均可参加矿业权出让，实现了资源投资主体多元化，解决了社会资本流向矿产资源领域的瓶颈问题。建立了公开竞价机制，以挂牌竞价出让为主，拍卖方式为辅，竞价过程聘请全国资质较高的拍卖机构和知名度高的拍卖师组织实施，公证部门现场公证确认，纪检监察部门全程监督，有力防止了"暗箱操作"。研发了"内蒙古自治区矿业交易信息系统"，报名受理工作采取多窗口接收、单终端汇总的信息管理模式，整个报名信息系统由计算机封闭管理，完全处于保密状态，有效防止了竞买人的信息外泄，规范了矿业权市场交易行为。以风险防控为重点强化资源交易监管。自治区国土资源厅履行市场监管职责，在全系统组织开展了"两整治、一改革"专项行动，围绕规范权力运行，排查廉政风险点 3324 个，并对廉政风险点的表现形式、存在原因及其可能产生的后果等进行登记备案，相应拟定了 23 项整改措施，制定了 40 幅审批审核防控流程图。严肃查处涉土涉矿违纪违法案件，受理信访举报案件 76 件，立案查处涉土涉矿违法行为 787 起，共处罚没款 4502.71 万元，给予政纪处分 19 人，移送司法机关追究刑事责任 3 人，有效整治和解决了矿业权交易市场存在的突出问题。

除国土、矿产资源外，其他公共资源交易的方式也逐步向市场化迈进。鄂尔多斯市组建了全市统一公共资源综合交易平台，将市政府采购中心、建设工程承发包管理中心、国土资源交易中心整合，所有交易实行统一的模式化管理，集中监管，阳光交易，从源头上预防和治理腐败。目前，公共资源交易市场建设在12个盟（市）全面展开，已有8个盟（市）建成了集政务服务中心、公共资源交易于一体的综合工作平台，其他盟（市）也将在3年内全部建成。

六　司法体制改革向公平正义方向推进

自治区检察机关和审判机关内部监督日趋强化。自治区检查突出加强对院领导班子和领导干部的监督，采取检察长工作谈话、参加基层院民主生活会、巡视、检务督察、办案安全专项督察等形式扎实推进内部监督，增强了监督实效；深入开展了"维护人民群众合法权益、解决反映强烈突出问题"专治检查活动，着力解决执法不公正、不廉洁等突出问题，进一步规范了执法行为，改进了执法作风；组织了贯彻《廉政准则》和《检察机关领导干部廉洁从检若干准则》执行情况的专项检查，进一步规范了领导干部的廉洁执法、廉洁从政行为。自治区高级人民法院围绕强化公正廉洁执法、强化班子队伍建设等方面探索机制制度创新，创新了一些工作机制，出台一批创新制度。成立了审判管理办公室，创新了审判管理机制，促进了办案质量和效率的提高；建立了警示教育常态化工作机制；

出台了《关于为自治区实施"十二五"规划提供司法保障和服务的意见》、《关于廉政风险防控实施办法（试行）》、《违法审判执行责任追究办法》等 19 项制度。严肃查办内部违纪违法案件。检察机关敢于直面和正视自身存在的问题，发现严重违纪违法问题不护短、不手软，严肃查处，维护了党的纪律和检察纪律的严肃性。2011 年，全区各级检察机关院共受理检察人员违纪违法线索 33 件，初核 33 件，立案 8 件 8 人，结案 8 件 8 人。给予党纪、检纪处分 8 人（含 3 人被判处有期徒刑），其中检察长 2 人、副检察长 1 人、一般干部 5 人。自治区高级人民法院加大自查自办案件力度，发现法官队伍违纪违法问题从严查处。2011 年，查处高院机关违纪违法案件 4 件 5 人，并向全区法院和高院机关作出通报；严厉查处了假商标案涉案法官，8 名法官被追究刑事责任。

七　进一步推进反腐倡廉改革与制度建设的对策

（一）确立党员领导干部廉洁从政的价值取向

党员领导干部是人民群众的主心骨，在各级党委、政府和基层党组织中起着决策、领导和管理的重要作用。加强党员领导干部廉洁从政意识，大力倡导恪尽职守的从政理念，是社会主义市场经济背景下对党员领导干部的必然要求。要确立党员领导干部廉洁从政的价值取向，一方面把我们党所提倡的"立党为公、执政为民"等要求，通过文化建设的形式，自觉

构筑起拒腐防变的思想道德防线；另一方面，继承和弘扬优秀传统廉政文化，摒弃"家长制"、"官本位"、"人治"等传统文化中的消极因素对党员干部队伍的侵蚀和影响，推进廉政文化建设。同时，学习借鉴国外有益的做法，使党员领导干部牢固树立公仆意识、法律意识、责任意识和大局意识。在确立党员领导干部廉洁从政的价值取向的基础上，进一步培育公民廉荣贪耻、诚实守信的道德观念，在全社会营造"以廉为荣、以贪为耻"的良好社会氛围，坚决纠正那种"笑贫不笑贪"的灵魂扭曲现象，为党员领导干部廉洁自律创造良好的社会环境。

（二）运用现代化信息技术促进改革与制度建设

电子信息网络技术是建设廉洁政府的有效手段，是提高政府办事效能、预防腐败现象发生的最佳选择。2008 年 5 月，《中华人民共和国政府信息公开条例》开始实施，标志着信息公开成为我国反腐倡廉改革与制度建设的有力武器。政府信息公开即把权力运作过程向人民公开，自觉接受人民群众的监督，极大增加腐败的风险和贪贿成本，这样会不断优化政治环境和社会环境。信息化是当今世界经济和社会发展的主流趋势，电子政务具有快捷、方便、优质、低成本的特点，是增强政府透明度、优化政务服务和转变政府职能的重要手段。随着网络的普及，互联网日益成为公民行使知情权、参与权、表达权和监督权的重要渠道，运用网络文化这一载体，使网络和现实反腐相互对接形成反腐合力，彻底斩断腐败现象的滋生之源。

（三）正确处理制度反腐与文化反腐的关系

惩治腐败是一个世界性的课题，所有国家都存在不同程度的腐败问题。纵观国外的反腐经验，他们在加强司法和行政部门反腐职能的同时，往往借助媒体监督、民众举报、签订反腐公约等多种方式，加大反腐败力度。因此，在推进反腐倡廉改革与制度建设的同时，一定要"两手抓，两手都要硬"，努力推进廉政文化建设，发挥其对制度形成和完善的促进作用。反腐倡廉应该立足国情、区情，以善治为目标推进政府改革与创新，全面推进以建设惩防体系为重点的反腐倡廉建设的历史进程。

区域报告

Regional Reports

B.7

有序实行政务公开
打造阳光政务平台

——呼和浩特市推行"政务公开"解析

吴英达

摘　要：

呼和浩特市把推行政务公开作为加快人民满意服务型政府建设和推进惩防体系建设的重要举措，采取一系列措施创新公开形式，全力打造阳光政务服务平台，全市政务公开和政务服务水平有了进一步提升。

关键词：

呼和浩特　政务公开

所谓政务公开，其内容主要有：政府领导成员的履历、分工；政府机构的设置、职能；文件公报；财政预决算，国民经济和社会发展各项规划、计划；政府部门的动态信息；统计信息；监督检查情况等。近年来，呼和浩特市委、市政府将推行政务公开作为落实依法治国方略、加快人民满意服务型政府建设和推进惩防体系建设的重要内容来抓，采取一系列措施创新公开形式，健全公开制度，全力打造阳光政务服务平台，全市政务公开和政务服务水平有了进一步提升，赢得了社会各界和人民群众的广泛赞誉。

一　呼和浩特市政务公开的现状

（一）建立市委、市政府统一协调的领导体制和工作机制

按照《内蒙古党委办公厅政府办公厅关于贯彻落实〈中共中央办公厅国务院办公厅关于进一步推行政务公开的意见〉的实施意见》的要求，呼和浩特市委、市政府和所辖9个旗县区通过实行党政领导负责制，层层建立政务公开工作目标责任制，形成主要领导亲自抓，分管领导具体抓，市委、市政府统一协调，纪检、监察、组织、人事等部门各司其职的领导体制和工作机制。

（二）政务公开走上制度化轨道

2008年以来，在初步掌握全市政府信息公开概况的基础

上，分阶段有步骤地逐步建立了一系列工作制度，以深化公开内容、规范公开形式为核心，不断加快政府信息公开制度体系建设。同时，为保证信息公开的执行力，进一步明确保密审查工作责任，科学优化工作程序，统一依申请公开答复文本，规范新闻发布，健全责任追究、社会评议、立卷归档报送、举报调查制度和年度报告制度，将政务公开纳入对旗县区和市级部门领导班子的实绩考核体系，与政务服务工作合占30%的权重。目前9个旗（县、区）和49个市级部门已全部建立集主动公开、依申请公开、保密审查和信息发布协调为一体的工作机制和长效机制，逐步走上制度化轨道。

（三）政务公开主要载体

1. 政府门户网站

充分发挥政府门户网站作为全市政府信息公开第一平台的功能，开发建设统一的政府信息公开应用系统和政府信息公开数据库，为49个市级部门和40个公用企事业单位搭建规范的政府信息公开网络平台，初步形成以将政府门户网站作为主渠道、部门网站为支撑点的政府信息公开网络体系，为建立和完善"一网公开、多点查询"政府信息公开系统奠定基础。作为政府信息公开的主要载体，各级政府门户网站设置政府信息公开专栏，全面公开政府文件、公文公告、政策解读、规划计划、人事工作、财政公开、应急管理、监督检查等与公众密切相关的信息。2011年全市新增主动公开政府信息141461条，市政府门户网站公开信息15786条，市级部门网站公开82459

条，各旗县区政府门户网站公开信息 43216 条。

2. 政府公报

《呼和浩特政报》作为本市政府公报，重点主动公开政府规章、规范性文件、其他与经济、社会管理和公共服务相关的文件，以及人事任免、机构设置、领导讲话、经济运行和政府大事记等。《呼和浩特日报》、《呼和浩特晚报》以及呼和浩特广播电台、电视台等市级媒体，也是政府信息公开的重要途径。

3. 各类互动平台

2011 年，仅市长热线即受理群众来电来信 23092 件，其中市长热线受理 20426 件，办结 19773 件，办结率达到 96.7%，市长信箱受理群众来信 2588 件，办结 2519 件，办结率为 97.3%。其中，市长热线办与呼市电台新闻综合频道共同开办"市长热线"栏目，全年连线 65 次，处理各类群众诉求 376 件，办结率为 100%，做到反映问题件件有答复，处理结果事事能公开。在不断强化市长信箱、市长热线、旗（县、区）长热线的同时，有效发挥 12319 城建热线信息公开功能，分别在市建委设城建热线一级平台、在市所属四区政府和 9 个相关市属职能局及 6 家公用企事业单位设城建热线二级平台，通过接听电话、互联网（Web）、传真（FAX）、电子邮件（E-mail）等多种现代化信息手段，24 小时受理城市建设管理和公共服务方面的咨询、投诉、批评、建议和意见。仅 2011 年，12319 城建热线即接听市民来电及来信、来访共计 43630 件次，向市政府相关职能部门派单 8011 条，其余 35619 件均由话务员直接答复，整体业务办结率 96.40%，及时率

90.31%，满意率99.64%。

4. 新闻发布会

为拓宽政府信息公开渠道，呼和浩特政府在市政务服务中心建设规范的市政府新闻发布中心，积极协调各部门自主召开新闻发布会，向社会主动公开政府重大决策、重大项目和公众关心关注的各类政府信息，内容涉及城市建设的基本思路、保障措施和工程进展情况、新增中央投资项目进展情况、抗旱抗震捐款捐物及使用情况、年度经济运行和社会发展情况、各中小学校校舍安全工程进展情况以及教学进度计划安排和师生安全保障措施等。2010~2011年，每年召开新闻发布会都在100次以上。

5. 政府信息公共查阅点

为了方便企业和群众查询关心的政务信息，在市政务服务中心、市档案馆、社区公共服务站等场所设置了政府信息公共查阅室。2010年，市政务服务中心接待公众查询561258人次，查询信息数量104586条。

6. 市政务服务中心和旗县区市民服务中心

市政务服务中心和旗县区市民服务中心窗口放置了事先设计制作的服务指南，并设置触摸查询机、LED显示屏等主动公开相关办事信息。

二 呼和浩特市政务公开的措施

（一）大力推进三级公共服务体系建设

呼和浩特市委、市政府通过整合网络资源，大力推进市行政服务中心、旗县区政务服务中心（市民服务中心）和乡镇公共服务站（社区便民服务中心）三级公共服务体系建设。各级政务服务中心根据本级政府的职责，确定各自的工作职能，形成全市统一的综合性公共服务平台，以政务服务中心为政务公开主要载体，进行政审批制度改革，规范审批权力运行。

1. 清理审批事项

2008 年，对全市全面清理了具有审批权的 45 个单位的审批事项，使行政审批事项由之前的 708 项减少到现在的 235 项，其中行政许可 138 项、非行政许可审批 97 项，减幅达 66.8%。2010 年，再次清理审批事项 18 项，下放 89 项公共服务事项。

2. 推行集中审批

以集中审批为核心，将审批的权、事、人统一调整到新组建履行专职审批职责的管理机构来办理审批业务，实现行政管理体制的重大改革。

3. 实行电子政务

政务服务中心开发使用先进的行政审批管理系统，搭建起行政审批的信息化管理平台。

4. 优化、固化审批程序

为了最大限度地减少事项办理环节、简化办事程序和提高工作效率，进一步规范审批服务的运行程序，确保快速办理服务事项。经过不断探索，优化总结出 7 种规范流程，做到了办理环节快捷化，岗位责任明确化，办理时限制度化。

5. 全面公开事项内容

通过官方网站、LED 显示屏、触摸查询机和服务指南手

册等途径，向办事群众全面公开审批事项名称、办理程序、要件、时限、收费标准及依据、咨询电话等内容。办事群众可以随时查询事项办理相关内容，掌握事项办理进展情况。工作人员根据首问负责制、一次性告知制的要求，第一时间解答群众提出的问题，实现真正意义的"阳光"审批。

6. 统一审批专用章

从 2009 年 7 月 1 日起，统一审批服务专用章，一律使用经公安机关许可认证、统一制作的电子审批专用章，取消了过去部门公章及其他印章的审批职能。从根本上解决多头受理和体外循环的问题。

7. 创立联审联办机制

推行联审联办服务模式是市政务服务中心依托集中审批服务的优势，在企业市场准入和建设项目审批方面成功探索，实现审批的再次提速。在企业申请市场准入过程中，依托并联审批服务机制和电子审批平台，采取"一窗式"审批服务，申请人提交的材料只要符合法定要件，即可在 5 个工作日之内拿到所有相关的审批手续，审批效率大幅度提高。

8. 全程监督

在政务服务中心的电子政务系统中的电子效能监察系统可以实时监控事项办理进程，可以对超时限、违反程序办事等问题及时做出提示。同时行政效能投诉中心可以对投诉和违规事项进行及时处理。

上述清理审批事项、集中审批、流程再造、阳光审批和创立联审联办机制等一系列措施，大大提升了行政服务质量和效率。2011 年，政务服务中心受理 2257701 件审批服务事项，办结率达99% 以上。其中，综合服务大厅受理审批服务事项 203981 件，办结率达到99% 以上；5 个专业服务大厅受理服务事项 2053720 件，办结率达100%。

（二）实行"一网公开、多点查询"办事模式

2011 年，呼和浩特市委、市政府根据群众的需求，又对政府信息公开应用系统进行改进，在构建统一政府信息公开网络平台的同时，还在全市建立大量的实体信息查询点，依次为政府信息公开查阅室、市级部门依申请公开查询室、社区政府信息公开便民查询点。这种"一网公开、多点查询"的办事模式，既方便了群众对政府公开信息的检索和查询，也提高了政府各部门公开信息的效率；既受到广大市民的欢迎，又得到国务院办公厅秘书局等上级有关部门的肯定。2011 年，政府信息公共查阅室全年接待各类查询 400 余人次，市级 49 个部门依申请公开查询室，全年接待查询 1200 余人次，全市 96 个社区公共服务站建成 81 个信息公开便民查询点，查询网点覆盖率达 84.38%，年内共接待各类查询 3000 余人次。

三　继续加强呼和浩特市政务公开工作的建议

（一）进一步加大政务公开力度

政务公开要将聚焦民生作为着力点和突破口。因此，政府

在处理教育、医疗等民生问题的过程中，要特别注意公开的及时性和高效性。只有及时、高效地公开这些政府信息，才能切实保证人民群众的知情权和监督权。

聚焦政府权力运行加强政务公开力度。政府权力的规范和有序运行，离不开有效的监督和制约。一旦缺乏监督与制约，极易导致权力的滥用，从而形成腐败。政府在权力运行上尤其是在重点领域、重点岗位、重要部位的权力运行上，如行政审批、资金支配和人事安排等权力相对集中而人民群众又非常关切的核心问题上，必须要以行政权力公开透明运行为核心，将推行政务公开与反腐倡廉相结合，打造"阳光政府"。

聚焦服务型政府建设加强政务公开力度。政务公开是推进地方政府职能转变的重要途径。一是要依法确定并向社会公布行政机关的权责，促进公众依法监督政府履行职责；二是要加强政服务中心和电子政务建设，提高服务水平；三是要提升政务公开机构服务功能，以创新推动公共服务的质量和效率，进一步促进社会事业的发展；四是要加强决策制度建设，规范决策行为。

（二）拓宽政府与公众的对话渠道

政务公开不仅需要政府向公众公开政务信息，同时也需要了解公众对政府行政行为的认知，听取公众的意见和建议，形成双向互动机制。政务公开不仅要向公众提供一些类似行政管理和服务的规则、程序等静态的内容，还要提供大量生动活泼的动态政务信息，使人民群众切身感受到动态变化的利益关系调整。人民群众只有便捷高效地接受这些政务信息，才能有效地参与到政府决策，才能及时反映出对政府行为的切身感受，才能实现对政府行为的监督，以解决公众虽然已经通过各类公开网络平台与政府实现沟通，但对话参与机制仍显欠缺的问题。

推行重大行政决策听证制度。重大行政决策听证是增强决策的透明度和推进政务公开工作的重要形式。一是要扩大适用重大行政决策听证的范围，而不仅限于价格决策和立法决策领域，将听证的范围扩大到类似于征地拆迁、重大工程建设、城市规划等其他方面；二是要做到公正遴选听证会代表，确保代表具备相关能力以行使权利，提高听证的质量和水准；三是要让听证代表充分表达自己意愿并吸收采纳听证代表所提出的科学合理的意见，避免听证会"听而不证"；四是要建立责任追究机制，对违反听证程序、试图干扰听证结果的单位和个人进行责任追究。

规范政府新闻发言人制度。政府新闻发言人制度是指由政府发言人通过定期举行的新闻发布会等方式，将政府的重要决策、工作安排、改革措施等进行发布的制度，是我国政府推进政务公开，增强政府工作透明度的重要举措。应进一步完善政府新闻发言人制度的监督机制和问责机制，正确处理与新闻媒体之间的关系，不断创新新闻发布形式。

（三）完善政务公开监督体系

政务公开将会是一项长期推行的重要工作，而监督检查是

关键。建立由纪检监察机关组织协调、各相关部门联合监督检查的工作机制，开展定期或不定期的督察。同时，充分发挥人大依法监督、政协民主监督、新闻舆论监督的作用，组织人大代表、政协委员进行监督、视察并公开通报检查情况，及时反馈党政及其有关部门以便督促整改，以依法、规范、高效为目的，逐步实现行政审批标准化、服务制度标准化和服务类型及模式标准化。

B.8
确立村民"四权四制"
实现村级科学治理

——鄂尔多斯市推行"村民代表会议常设制"解析

邰国英

摘　要：

鄂尔多斯市以"村民代表会议常设制"为核心的"四权四制"村级治理模式，适应了当前我国基层民主政治建设的要求和农村牧区发展新形势，是加强基层组织建设的有效措施，为党风廉政建设提供新途径和新方法，对全区各地农村牧区具有重要的示范和实践价值。

关键词：

鄂尔多斯　村民代表会议常设制　　"四权四制"

一　鄂尔多斯市村民代表会议常设制的由来

"村民代表会议常设制"是指我国实行村民自治的农村地区在村民会议不便召开的情况下，由村民以村民小组为单

位或者按照一定的户数比例推选产生出自己的代表组成村民代表会议，并在村民会议闭会期间行使村民会议授予权限的一种基层民主制度。鄂尔多斯市在这些年的探索实践中，形成了以"村民代表会议常设制"为核心的"四权四制"村级治理模式，使村务的决策权、执行权和监督权既能相互制约又可以相互协调，是基层民主政治建设的一项探索性成果。

2004年，伊金霍洛旗纳林陶亥镇淖尔壕村因驻地企业征地补偿款分配问题而引发矛盾，在上级相关部门的帮助指导下，根据《村民委员会组织法》组织村民代表会议，作为常设议事机构和有职有权的实体组织对村级重大事务行使决策权，顺利解决土地补偿金分配问题。有鉴于陶亥镇淖尔壕村组织村民代表会议的成功做法，伊金霍洛旗就此在全旗农村牧区推行村民代表会议这项创新成果，不久鄂尔多斯市也在全市村级组织范围内普遍推开村民代表常设制，均收到很好的效果。实践证明，推行村民代表会议常设制是一条促进基层民主政治建设的新路子，是维护村民切身利益的好办法。村民代表会议常设制，不但能够解决村民会议不易召集、意见不好统一、利益难以保障的经常性问题，而且形成决策权、执行权、监督权相互分离、相互制约的组织体制和运行机制，从根本上维护和体现了农牧民的合法权益。在得到广大农牧民群众赞同的同时，还得到中纪委和自治区、市两级党委、政府的充分肯定，《人民日报》、《内蒙古日报》等各大媒体均对此作了报道。

二 鄂尔多斯市村民代表会议常 设制的具体做法

鄂尔多斯市实行的"村民代表会议常设制",主要做法就是"四权四制"的组织体制和运行机制。所谓"四权",由决策组织权、决策表决权、决策实施权、决策监督权组成。而所谓"四制",则由决策启动机制、民主表决机制、组织实施机制及监督评议机制组成,为"四权"的执行提供制度保障。凡是与村民利益息息相关的事务,必须由村党支部、村委会或村民代表大会主席提出议题和初步意见,经村党员、村长联席会议讨论后,提交村民代表大会讨论,并将讨论事宜的相关背景告知村民代表,讨论时必须经2/3以上村民代表同意才能生效,决议事项由村民代表向所代表的村民作出解释说明,决议生效后由村委会组织实施。

三 鄂尔多斯市推行村民代表会议 常设制的成效与启示

鄂尔多斯市以"村民代表会议常设制"为核心的"四权四制"村级治理模式,为党风廉政建设提供新途径和新方法,对全区各地农村牧区具有重要的示范和实践价值。

(一)加强农村牧区党风廉政建设的治本之策

以"村民代表会议常设制"为核心的"四权四制"村级

治理模式，通过村民代表会议决定村级重大事项，真正把民主管理的动力建立在村民的自觉、自愿、自主、自治和维护自己切身利益上，抓住了基层民主政治建设的关键环节。"村民代表会议常设制"是一项重要的制度创新，它有助于解决党支部、村委会职责不清、内耗严重的问题，农牧民对村务管理不知情或说了不算的问题，干部监督难和干群关系紧张的问题以及村官决策程序不规范、自由裁量度过大等问题。

（二）加快推进基层反腐倡廉建设的重要举措

以"村民代表会议常设制"为核心的"四权四制"村级治理模式，紧密结合农村牧区基层工作实际，从农牧民群众最关心、最直接、最现实的问题入手，以村领导班子成员为重点对象，以规范和制约基层权力运行为核心，以容易滋生腐败的关键环节为突破口，把维护和发展人民群众的根本利益作为农村牧区党风廉政建设的出发点和落脚点，推进村级重大事项决策的民主化、科学化，有效解决损害农牧民群众利益的突出问题，抓住了农村牧区党风廉政建设的"牛鼻子"。以"村民代表会议常设制"为核心加强农村牧区党风廉政制度建设，不断推进改革和制度创新，将有效提高农村牧区反腐倡廉建设的系统性、针对性和实效性。

（三）实现党的领导和人民群众当家做主的有机统一

1. 巩固党支部的核心领导地位

以"村民代表会议常设制"为核心的"四权四制"村级

治理模式，改变了过去村党支部或"两委"班子"议行合一"的体制和机制，充分发挥基层党组织的领导核心作用和村民代表会议、村委会的自治作用，使村级事务的决策权、执行权和监督权既相互分离制约，又相互协调配合，不仅深化基层民主政治建设，也有力地提升农村牧区基层党风廉政建设水平。推行以"村民代表会议常设制"为核心的"四权四制"村级治理模式以来，促使村党支部积极转变领导方式，使村党支部的凝聚力、战斗力和战斗堡垒作用不断增强和进一步发挥。

2. 突出村民的主体地位

推行以"村民代表会议常设制"为核心的"四权四制"村级治理模式以来，从根本上化解了基层矛盾。2006～2009年，伊金霍洛旗138个嘎查村共召开村民代表会议590多次，累计议定事项2800多项，一些涉及群众切身利益的热点难点问题得到有效解决。全旗基层矛盾化解率不断提高，群众对嘎查村"两委"班子的满意度由2006年的67%提高到2009年底的90%；涉嘎查村信访量由2006年的40%下降到2009年底的11.5%，有力保证地区的和谐稳定。

3. 村干部建设新农村的能力和水平明显提高

以"村民代表会议常设制"为核心的"四权四制"村级治理模式不仅要求决策严谨、细致、科学，而且还要求决策符合本村的实际和大多数群众的意愿，避免以前村干部"家长制"所造成的不必要的失误。石板台嘎查活动阵地原来是伊金霍洛镇最差的一个，活动室年久失修，破损相当严重。通过以"村民代表会议常设制"为核心的"四权四制"村级治理

模式，投资 50 余万元新建设活动阵地一处，建筑面积达到 380 余平方米，彻底解决了学习无场所、活动无阵地的现状。

以"村民代表会议常设制"为核心的"四权四制"村级治理模式是一项政策性强、涉及面广、影响深远的系统工程，需要在实践中不断检验、探索和完善。一是要发挥好村党支部的领导核心作用，使村民代表大会常设制始终处于党组织的主导之下。二是规范完善议事内容，比如各类经济补偿分配、强农惠农富农等政策和制度的落实，都要通过村民会议决策实施，让"四权四制"发挥最大效应。三是提高村民代表参政议事的本领和素质，使他们成为农牧民群众的代言人。四是强化责任，各级党委要把村民代表会议常设制列入农村牧区基层组织建设的整体布局，确保这项创新型制度迸发出更大的活力。

B.9

践行"以人为本"理念
强化风险防范预警

——赤峰市"廉政风险防范"管理解析

阿如娜

摘 要:

赤峰市全面开展廉政风险防控工作,初步形成"以人为本"、以风险点动态管理为基础、以业务流程再优化为主线、以机制创建和制度建设为重点、以电子监察为手段、以建立监督考核为保障和以"以廉促政"为目标、以"内控流程,外构联防"为特点的反腐倡廉新机制,使全市党风廉政建设工作取得明显成效。

关键词:

赤峰 廉政风险防范

一 开展廉政风险防范管理的必要性

(一)廉政风险防范管理概念与模式

廉政风险防范管理是将风险管理理论和质量管理方法应用

于反腐倡廉工作实际，针对党员领导干部日常工作生活中可能出现或正在演化的腐败问题，采取前期预防、中期控制、后期处置等措施，依托计划、执行、考核、修正的 PDCA 循环管理机制，对惩治和预防腐败实施科学管理的过程。"三三四"是廉政风险防范管理的工作模式，即查找"三类风险"、建立"三道防线"和管理"四个环节"。党员领导干部日常工作生活中可能出现的腐败问题，可归纳为三类风险，即思想道德风险、岗位职责风险、制度机制风险。防范廉政风险工作分为事前预防措施、事中监控机制和事后处置办法，形成预防腐败的"三道防线"，通过三道防线有效防范上述三类风险的发生。廉政风险防范管理工作，严格遵循 PDCA 循环管理方法，以一年为一个周期，按照计划、执行、考核、修正"四个环节"，对防范工作实施质量管理，从而确保风险防范的效果。

（二）廉政风险防范管理是适应反腐倡廉的客观要求

赤峰市虽然发生过像徐国元案等在社会上有影响、有震动、有威慑力的大案要案，但他们认为消极腐败现象滋生的土壤还存在，惩防体系建设仍然面临许多新情况和新问题，反腐败斗争形势不容乐观。特别是西方社会的极端个人主义、拜金主义、享乐主义等腐朽思想对少数党员领导干部的世界观、人生观、价值观产生严重影响，而在市场经济条件下各类经济腐败案件呈现高发、易发、多发的态势。伴随政府机构改革的不断深化，党员领导干部失职、渎职的问题日趋复杂化和严重化，无疑对当前推进以建设惩防体系为重点的反腐倡廉建设构成新挑战。尤以徐国元贪污受贿案的发生，对赤峰市贯彻落实党风廉政建设责任制提出了新要求，因而推进廉政风险防范管理，成为赤峰市委、市政府吸取徐国元腐败案件教训并消除其不良影响的客观需要。

（三）廉政风险防范管理是"以人为本"理念的具体实践

廉政风险防范管理，集中体现了对党的事业和党员领导干部高度负责的精神，是科学发展观"以人为本"理念在党风廉政建设中的具体实践。开展廉政风险防范管理，必须把实现、维护、发展好最广大人民利益作为风险防范管理的出发点和落脚点，通过事前查找和识别存在廉政风险的部门、岗位、环节，进而实行人员教育、程序规范和制度完善，使主动防控可能产生的各类风险不发生或少发生，使党员干部有效化解和防范消极腐败的危险，最大限度地降低腐败行为给党和人民造成的损失。通过"三类风险"、"三道防线"、"四个环节"的有序展开，切实实现内部监控与外部监督、廉政工作与业务流程、自律与他律的有机结合，以符合和体现科学发展观的时代要求。

（四）廉政风险防范管理是推动反腐倡廉建设的重要手段

为深入贯彻落实中央反腐倡廉建设《工作规划》和自治区《实施办法》，扎实推进反腐倡廉建设，并以创新的思路

和改革的办法即廉政风险防范管理为重要手段，全面履行保护、惩处、监督、教育四项职能，实现"腐败现象进一步得到遏制，人民群众满意度有新的提高"的基本目标，赤峰市研究制定反腐倡廉建设《实施细则》及配套文件，紧密结合赤峰市经济社会发展大局，提出经过5年初步建成惩防体系基本框架，即具有地方特色的拒腐防变教育长效机制初步形成，反腐倡廉相关法规制度逐步健全，权力运行监控机制基本形成。

（五）廉政风险防范管理有助于形成反腐倡廉的长效机制

赤峰市坚持把推进廉政风险防范机制建设作为一项重点任务，以立足岗位、排查风险、狠抓制度，积极防范、注重考核、强化预警、科学管理为目标，在风险的防范和控制上动脑筋，在健全廉政风险防范机制上下功夫，使全市党员干部从接受监督到自觉摆放位置主动防范风险，使全市纪律检查工作从后期处置转变到前期、中期监督，初步形成以工作岗位为基本点、以业务程序为线、以防范制度为面的覆盖赤峰市各地区、各部门和各单位的稳固的长效机制，为惩治和预防腐败开辟了一条崭新路径。

二　赤峰市廉政风险防范管理的措施

廉政风险防范管理开展以来，赤峰市经过创造性思考和科学化设计，深入推进以建设惩防体系为重点的反腐倡廉建设，全市已有 12 个旗（县、区）、55 个市直部门、8 个中区直驻赤峰单位的 7123 名科级及以上干部接受排查，共发现廉政风险点 36259 个，制定防范措施 43788 条，制定完善廉政规章制度 9119 项，优化业务流程 4853 项。

（一）健全组织，加强领导

2009 年，赤峰市成立廉政风险防范管理工作领导小组，由市委书记任组长。市纪委则从指导思想、基本原则和工作步骤、工作要求以及采取的措施等五个方面对全市廉政风险防范管理工作进行具体部署。各部门和各单位积极响应，形成党政主要领导负总责、主管领导具体抓、纪检监察机关协调推进、各部门积极配合的领导体制和工作机制，为廉政风险防范管理工作的顺利开展奠定良好基础。

（二）立足岗位，排查风险

按照"一岗双责"的要求，全市 12 个旗（县、区）、55 个市直部门和 8 个中区直单位的党员领导干部，采取自己找、群众帮、领导提、组织审的方式，围绕廉政风险可能产生的重要环节和关口，认真查找权力运行过程中可能出现的各种风险点。敖汉旗推出"十步工作法"，有效解决了监督重点不突出、以偏赅全、由于形式、千篇一律现象。喀喇沁旗创建"643"工作模式，要求每个党员干部采取 6 种方法，侧重思想、学习、工作和生活 4 个方面，查找出 3 个以上廉政风险点。克什克腾旗把岗位分成领导、中层、重要"三个层次"，

逐一排查廉政风险点，制定防控措施，取得了阶段性成效。全旗 96 家单位，共查找出个人风险点 10725 个，机关单位风险点 4219 个，制定防范措施 13901 条。

（三）狠抓制度，积极防范

赤峰市把推进制度建设作为廉政风险防范管理工作的重点，实行"分权、限权、亮权"制约，围绕提高制度质量，解决制度缺失、制度冲突等问题，主动改进和完善制度机制，摈弃一些不合时宜的旧制度，研究制定一系列符合新形势、新要求的配套新制度。同时，既抓制度完善，又抓制度执行，切实增强廉政风险防范制度的科学性、系统性和可操作性。

（四）注重考核，更重结果

2009 年 12 月，市委印发《赤峰市落实党风廉政建设责任制情况考核评价暂行办法》，对党员干部党风廉政建设责任制落实情况和惩防体系建设情况进行重点考核。根据《暂行办法》，市委把廉政风险防范管理工作落实情况列为党员干部年度考核内容进行考核，考核结果计入党员领导干部廉政档案，强化考核结果的运用，加大了责任追究力度。一是为方便市委全面掌握被考核单位和个人基本情况，把考核情况向市委常委会进行汇报。二是把考核结果绘成折线图表，向各部门"一把手"进行通报。三是把考核结果折线图表反馈给领导干部本人，并计入其廉政档案。

（五）强化预警，科学管理

廉政风险预警机制作为廉政风险防范管理工作的重要组成部分，经过一年的实探索践，基本形成覆盖全市的预警信息网络，纵向上实现市、县、乡三级信息互通，横向上实现纪检、审计、检察等多方联系、资源共享平台，畅通了信息渠道，在全市廉政风险防范管理中发挥了重要作用。据统计，全市共设立预警信息工作点1040个，选聘预警信息员1359名，市级和县级负责人同下级党委和政府主要负责人谈话347次，对新任职的领导干部廉政谈话406人次，领导干部诚勉谈话39人次，市级廉政账户收到22万元。2010年，全市纪检监察机关接受并受理群众来信、来访和来电举报数比上年同期下降10.1%。

三 赤峰市廉政风险防范管理的成效

（一）党员领导干部廉政风险防范意识普遍增强

廉政风险防范管理工作开展以来，赤峰市以岗位风险防控为抓手，采取举办培训班、报告会、警示教育等多种形式和生动、形象、直观的方式，强化党员领导干部的经常性学习教育，使党员领导干部充分认识开展廉政风险防范管理的紧迫性和必要性，牢固树立风险意识、防范意识和责任意识。根据《中共赤峰市委关于开展廉政风险防范管理工作的通知》，组

织党员领导干部认真学习《党内监督条例》、《廉政准则》等党规政纪，学习"一岗双责"等党风廉政建设责任制有关规章制度，使党员领导干部的理想信念更加坚定。分批开办培训班，对全市多数单位的主要负责人、业务骨干、重要岗位工作人员进行不同规模的培训，提高他们自觉抵御腐败的能力和水平。以徐国元腐败案件为反面教材，在全市深入开展形式多样的警示教育活动，以案释纪、以案释法，敦促党员干部做到依法行政、勤政廉政。

（二）突出"三重一大"制度的可操作性和执行力

开展廉政风险防范管理，促使全市各部门、各单位积极发现并正视日常管理中存在的问题和薄弱环节，特别是对"三重一大"制度涉及的主要事项和管人、管钱、管物等权力相对集中的岗位作为重点防控对象，主动纠正存在的问题，有针对性地投入力量、制定对策，加强改进完善制度机制，突出"三重一大"制度的可操作性和执行力，切实做到用制度管权、管人、管事，进一步丰富和完善党风廉政建设责任制和惩防体系建设。赤峰市以制度机制建设为抓手，加强作风建设，共清理旧制度773项，制定新制度2967项，制定廉政风险防范举措43788条，做到监督关口前移，规范从政行为。

（三）构建融教育、制度、监督为一体的岗位风险防范管理机制

通过"找、防、控"三个环节，构建多层次、全方位、

立体式惩防体系制度框架和融教育、制度、监督为一体的岗位风险防范管理机制，全面开展以人为基本点、以业务程序为线、以风险防范制度为面廉政风险防范网络，不断丰富预防腐败的措施和方法，拓展从源头上防治腐败的工作领域，有力推进惩防体系建设。重点围绕监督、制约和规范权力运行，紧密结合本地区、本单位、本部门的实际，突出重点岗位和重点人员，认真查找思想道德、岗位职责、制度机制三类风险，依托三道防线和计划、执行、考核、修正 PDCA 循环管理机制，对预防腐败工作实施科学化、系统化循环管理。

（四）切实规范和制约党员领导干部的用权行为

赤峰市在规范和制约领导干部用权行为中，抓住规范权力运行这一重要环节，从规范权力相对集中的关键领域、关键部门和关键环节的业务流程入手，全面、系统地排查权力配置和权力执行过程中的廉政风险，针对排查确定的风险点，制定有效的防控措施，进一步完善权力监督制约机制，确保权力正确行使。把领导干部特别是掌握人事、执法、司法权的党员领导干部以及关键岗位作为重点防范对象，有效地约束和规范了全市党员领导干部的用权行为；有效利用电子政务、网上审批、网上公开、网上监督等现代科技优势，建立廉政风险防控管理平台，对全市各部门各单位的廉政风险实施全方位、全透明的监督管理，压缩权力运行中的自由裁量空间，使权力在阳光下运行。

四 继续加强赤峰市廉政风险防范管理的建议

（一）加强宣传教育，营建"不想腐败"的思想道德防线

要把廉政教育纳入党员领导干部教育培训计划，定期开展专题培训，筑牢党员领导干部拒腐防变的思想道德基础；定期开展勤廉兼优先进典型评选表彰活动，通过逐级推荐、集中表彰、宣传报道、巡回报告等形式，大力宣传表彰勤廉兼优先进典型，发挥其激励和示范作用。依托赤峰市警示教育基地，采取观看警示教育片、倾听服刑贪官的忏悔和反思等形式开展警示教育，真正产生触动心灵和指导行动的效应。充分利用简报、网站、电子显示屏、宣传栏、手机短信等载体进行廉政文化宣传，积极推动廉政文化进机关、社区、学校、农村、企业和家庭，把廉政文化建设与城镇文明创建、学校德育、社区文化建设、农村易风移俗等多项工作结合起来，开展丰富多彩的廉政文化创建活动，努力营造廉荣贪耻的社会氛围，筑牢党员领导干部"不想腐败"的思想道德防线。

（二）加强制度建设，打造"不能腐败"的法规制度防线

制度建设是搞好廉政风险防范管理的根本保证，要根据工作职能的转变、工作方式方法的改进、工作领域的拓展以及权力运行的新特点和滋生腐败的新倾向，继续坚持不懈地进行制度创新，特别是对涉及"三重一大"和管人、管钱、管物等

重点部位的制度要进一步加以健全、规范和完善，以提高制度的科学性、可行性和系统性。制度的生命力在于执行，各部门和各单位要紧密结合实际，采取有力措施，切实抓好有关党风廉政建设和反腐倡廉建设制度和规定的贯彻实施，利用制度的规范力、约束力控制权力的运行，彻底把权力关进制度的笼子里。

（三）加强监督检查，筑牢"不敢腐败"的监督制约防线

把监督的重心放在各级党政领导机关和各级党政领导班子主要负责人身上，使各级党员领导干部时刻感到监督的存在和监督的分量。对党员领导干部的监督要抓住其"工作圈、生活圈、社交圈"和"任前、任期、离任"等各个环节以及那些容易出问题的部位，实施重点监督。凡属"三重一大"事项的权力运行，必须要求领导班子集体作出决定，杜绝集权和程序不规范现象，最大限度地压缩权力寻租空间。实行干部定期交流和轮岗制度，特别是对重点监管岗位的干部要加大定期轮换力度，以减少职务犯罪概率。加强对岗位行政行为、制度机制落实、权力运行过程的动态监测，做到事前监督、事中监督、事后监督，融监督于权力运行的全过程，形成廉政风险防范的良性循环。把党内监督与法律、社会、舆论监督结合起来，沟通信息、互通情报，形成协调和监督合力，提高监督的整体效能。通过网络、报纸、刊物、办事指南和新闻媒体等途径，适时向社会公开岗位职责、"职权目录"、"权力运行流程图"、公开办理条件和裁量基准，推进权力公开透明运行。

（四）提高考核的权威性，增强考核的导向作用

为充分体现教育、制度、监督三者并重和惩治与预防并举的基本要求，应根据《赤峰市落实党风廉政责任制情况考核评价暂行办法》，建立一整套客观、公正、科学的责任考核评价指标体系。把党员领导干部廉洁自律情况、党内监督制度执行情况、党风廉政建设责任制落实情况、廉政风险防范管理推行落实情况列为考核的重要内容，力求对考核对象作出实事求是的评价，切实提高考核的权威性和公信度。进一步扩大和完善党员领导干部述职述廉的内容，要经常性地公布其家庭财产、出国旅游和国内公务活动情况，不仅把民主测评作为对党政领导班子和党员领导干部年度综合考核评价的一项重要内容，而且把考核结果作为对党政领导班子和党员领导干部选拔任用、培养教育、业绩评定、奖励惩处的重要依据，充分发挥考核的实效性和导向作用。

B·10 还权于民　还利于民

—— 兴安盟"草牧场排查清理"解析

霍　燕

摘　要：

> 兴安盟开展草牧场排查清理工作，兑现了"还田于民、还草于民、还权于民、还利于民"的郑重承诺，不仅对兴安盟农牧区长期繁荣稳定奠定了坚实基础，而且对全区其他地区草牧场排查清理具有典型指导意义。

关键词：

> 兴安盟　草牧场　排查清理

开展土地草牧场清理，是推进兴安盟农村牧区党风廉政建设和反腐败工作的一项重要内容，是着力解决损害人民群众利益的一项重要举措，对促进农村牧区社会和谐稳定，保护草原生态环境和建设草原生态文明，加快社会主义新农村新牧区建设都具有重要意义。兴安盟从2009年6月开始，历时近14个月，在全盟6个旗（县、市）和盟农牧场管理局、81个苏木乡镇、工作部、869个嘎查村，全面开展土地草牧场排查清理

工作，全盟共有 143 个党政机关退出耕地 86450.86 亩、退出草牧场 51380 亩、退出林地 12836.8 亩，2267 名国家公职人员退出耕地 120339.41 亩、退出草牧场 243547.12 亩、退出林地 55812.97 亩。经过不懈努力，土地草牧场清理取得了重要进展和明显成效，兑现了"还田于民、还草于民、还权于民、还利于民"的郑重承诺，为全盟农村牧区长期繁荣稳定奠定了坚实基础。

一 草牧场排查清理的背景及过程

众所周知，土地和草牧场是农牧民赖以生存的最基本的生产资料和生活保障。兴安盟位于内蒙古自治区东北部，全盟总人口 168 万，农村牧区人口 113 万，农牧业人口占到总人口的近 70%，由于历史、经济、政策等多种复杂的因素，导致农村牧区基本经营制度落实不到位。改革开放 30 多年来，由于不断积累的土地矛盾和纠纷在很大程度上不仅阻碍了农村牧区经济的发展和社会的稳定，而且严重影响着建设社会主义新农村新牧区。特别是一些党政机关干部和国家公职人员与民争利，大量占用耕地和草场，冒领粮补和退耕还林补贴，严重损害了党和政府的形象，导致党群干群关系紧张，甚至引发了群体性事件，造成恶劣的社会影响。针对一些党政机关和国家公职人员侵占农牧民草牧场与民争利的问题，盟委、行署下决心彻底清理清查农牧区土地草场问题，既体现了贯彻落实科学发展观的要求，也抓住了群众最关心、最现实、最直接的利益问题，深得人民群众的支持和拥护，进一步密切党和政府同人民群众的血肉联系。

为使土地草牧场排查清理工作按程序、按步骤稳步推进，盟委、行署研究决定分为五个阶段开展工作。

第一步：思想动员阶段

思想动员阶段自 2009 年 5 月开始至 7 月结束。本阶段，盟委、行署采取召开会议、征求意见、个别谈话等多种形式，对全盟各级干部职工和广大农牧民群众就开展土地草牧场排查清理工作进行思想动员，号召各级领导干部职工和群众积极响应盟委、行署的决策部署。

第二步：调查摸底阶段

调查摸底阶段自 2009 年 6 月 10 日在扎赉特旗开展清理试点工作开始，截至 2009 年 12 月 10 日全部结束。通过调查摸底，共排查出涉及土地、草牧场、退耕还林地等方面存在的 96 个问题，明确了 7 个方面的重点内容，基本摸清了全盟耕地、草牧场、林地的底数，摸清了党政机关、国家公职人员以及非农牧户占有耕地、草牧场、林地的情况。为加强沟通协调，成立了领导小组办公室，筹备组织召开 5 次调度会、31 次办公室会议，下发领导小组文件 1 份，办公室文件 24 份，印发工作动态 50 期，月通报 9 次，还在《兴安日报》刊发关于土地草牧场排查清理工作稿件 79 篇，在兴安电视台播出报道 112 条，在兴安人民广播电台播出报道 167 篇。

第三步：制订方案阶段

自 2009 年 9 月 21 日成立政策调研组至 12 月 21 日，政策

制定工作全部结束。在政策制定上，力争做到"四个符合"：符合国家法律法规、符合国家政策、符合盟情实际、符合广大农牧民群众的根本利益。围绕土地草场可能出现的矛盾和问题，梳理出10个方面的问题，并对梳理出的问题逐类逐项剖析成因、提出对策，形成了详细的调查报告，提出了具体的解决方案。调查摸底工作结束后，盟委、行署结合各地实际，制定出台了《关于进一步落实完善农村牧区土地草原承包关系的意见》，全盟各苏木乡镇全部出台了实施意见，各嘎查村全部出台了实施方案。

第四步：组织实施阶段

从2010年1月1日开始，全盟进入实质性操作阶段。这个阶段是整个清理工作最关键的阶段，盟委、行署确定了"旗县市领导、苏木乡镇操作、嘎查村配合、农牧民参与、盟级督导"的工作方针，建立了旬报告、月通报制度，及时对全盟清理工作进行调度。各地分别采取了一系列创新举措和清退方法，加快推进土地草牧场排查清理工作进度。

第五步：总结验收阶段

2010年1月8日成立了由盟农牧局局长、副局长任组长，由盟农牧业局、林业局工作人员任成员的6个盟级验收小组。在验收过程中，验收组通过听取汇报、查看档案、入户调查、实地核实等方法逐一验收，对不合格的嘎查村，按验收组提出的整改意见整改后，再次进行补验，直至合格为止。截至2010年7月29日，全盟869个嘎查村，已全部通过验收合格，并颁发了村、乡、旗三级合格证。

二 草牧场排查清理的措施

土地草牧场排查清理是一项政策性强、涉及问题多、工作量极大的复杂工程。兴安盟经过严密筹划和精心组织实施，比较顺利地完成了清理工作任务。其基本做法主要有以下几点。

（一）高度重视草牧场排查清理

兴安盟盟委、行署站在讲政治、讲大局、讲稳定的高度，切实提高对土地草牧场排查清理重要性的认识，认真抓好各个环节的工作，始终把此次清理工作作为全盟工作的重中之重。盟委、行署和各旗（县、市）成立了工作领导小组，并成立7个督导组，负责组织领导和督察指导各地排查清理工作。为确保工作落实，每一个旗（县、市）都有一名盟级领导负责督导工作。实行了主要领导亲自部署、亲自过问、亲自督察，分管领导深入一线，各部门通力协作、各负其责、各司其职的工作机制，形成了一级抓一级、层层抓落实的责任体系，确保清理工作顺利进行。同时，兴安盟盟委、行署多次听取汇报，5次召开调度会，及时指导和解决各地工作中遇到的困难和问题，为进一步开展排查清理工作指明了方向，明确了重点。

兴安盟土地草牧场排查清理工作引起了自治区的高度关注，自治区党委常委、纪委书记张力同志深入到兴安盟，听取清理工作开展情况的汇报，并指示要"下定决心，排除阻力，

打好这场硬仗，彻底解决长期积累起来的土地矛盾，把清理排查工作一抓到底，给人民群众交一份满意的答卷"。

（二）明确草牧场排查清理的总体要求、重点任务和保障措施

按照有关法律法规和自治区党委、政府和纪委相关文件规定，兴安盟盟委、行署出台了《关于进一步落实完善农村牧区土地草场承包经营关系的意见》，全面详尽地阐明草牧场清理的总体要求、重点任务和保障措施，指导全盟土地排查清理工作。盟纪委、盟委组织部等4个部门联合下发了《关于清理党政机关及其领导干部和工作人员占用草场工作的实施方案》，要求全盟党政机关、事业单位及其工作人员无论以什么形式占用草牧场，都必须退出；占用牧民家庭承包的草牧场退还原承包人，占用集体经济组织的草牧场，退还集体经济组织。盟纪委还出台《兴安盟关于党政机关、事业单位及其领导干部和工作人员占用农村牧区耕地草场责任追究办法》，明确了不同情形的责任和处理方式，从严党纪政纪要求。上述3个文件文字简练，条理清楚，突出了规范性、政策性、原则性和可操作性。

（三）设立草牧场排查清理先行试点

兴安盟选择土地纠纷矛盾突出的扎赉特旗先行试点，由盟委委员、纪委书记担任组长，从盟直有关部门抽调领导干部组成工作督导组，指导和协助扎赉特旗开展土地草牧场排查清理工作。

2009 年 6 月，盟委召开专题会议研究和部署扎赉特旗土地草牧场排查清理工作。督导组与扎赉特旗 53 名各大班子领导、老干部、乡镇干部、业务干部个别谈话，并深入嘎查村进行调研摸底，确定了"旗委政府领导、苏木乡镇操作、嘎查村配合、农牧民参与、盟督导组指导"的工作原则，按照"舆论先行，教育贯穿始终；精心操作，责任贯穿始终；吃透政策，学习贯穿始终"的工作方针，"底数清楚、试点先行；依法依规、精心操作；把握重点、因村制宜；阳光透明、群众满意"的工作要求，"组织准备→动员培训→调查摸底→制订方案→操作实施→总结验收"的工作步骤，采取"做好三个培训、落实四个方法"的做法，为全盟土地草牧场排查清理工作探索出一条切实可行的路径。

（四）加强草牧场排查清理舆论宣传

开展土地草牧场排查清理工作，必须先向广大党员和干部群众讲清排查清理的重要意义，宣传有关土地草原政策法规，使广大农牧民知情、知法、懂法、用法，争取群众的理解和支持，并依法参与清理工作。同时，通过广泛深入的宣传教育，使广大干部的思想认识统一到盟委、行署的决策上来，从上到下一盘棋、一个步调，整体联动，合力推进，带头配合排查清理工作，形成有利于土地草牧场排查清理工作的舆论导向。

兴安盟各地还围绕土地草牧场排查清理相关政策，进行多

渠道、多视角的宣传，设立了新闻发言人，根据土地草牧场排查清理工作进度，适时举办新闻发布会。针对特殊利益群体和个别既得利益者所制造的一些负面舆论和排查清理中有令不行、有禁不止、敷衍塞责、阳奉阴违的人和事，进一步加大宣传力度，曝光反面典型，牢牢把握舆论主动权，激励和鞭策广大党员干部和人民群众，自觉参与和支持土地排查清理工作，广泛营造良好的舆论氛围。

（五）发挥人民群众的主体作用

兴安盟土地草牧场排查清理工作涉及广大农牧民的切身利益，稍有疏忽就会引发各种矛盾，影响整体工作。况且，农牧民对党政机关、企事业单位及其工作人员占用草牧场情况最了解、最清楚，因而在清理工作中，他们紧紧围绕"一切为了群众、一切依靠群众、从群众中来、到群众中去"的群众路线，坚定不移地落实"民主公开"的原则，自始至终把动员人民群众参与土地草牧场排查清理工作作为排查清理到位与否的标准。从研究方案、制定措施到实质性操作，都充分倾听群众呼声，尊重群众意愿，依靠广大农牧民开展工作，充分保证了群众的知情权、监督权和话语权。

（六）创新方式方法

兴安盟土地草牧场清理工作进入实质性操作阶段后，成立了由盟委委员、组织部长，盟委委员、纪委书记，分管涉农工作的行署副盟长组成的临时三人小组，代表盟领导小组对各地不能自行解决的问题，由三人小组研究并提出解决意见，为各地土地草牧场排查清理工作顺利推进提供了有力保障。同时，采取了很多好的做法。比如，全盟努力做到"四个符合"、"六个坚持"和遵循"五个原则"；科右前旗推出的"3＋1"工作思路，"2＋2"清理模式；科右中旗制定的"十步工作法"，扎赉特旗设立的"520"办公室，等等，这些做法积累了有益经验，为全区土地草牧场排查清理工作提供了不少好经验和有益借鉴。

（七）加大整顿力度

在排查清理中发生的违法违纪案件做到公开立案、公开调查、公开追究、公开处理结果，充分发挥警戒作用和警示教育作用，对态度端正、主动配合的，可以从轻处理；对拒不接受处理，有令不行、有禁不止、甚至顶风而上的，要坚决依法从严从重处理。以突泉县为例，共查处滥开荒草场22772亩，将所有滥开荒的草场全部恢复原地类。共立行政案件183件、立刑事案件8件、行政拘留16人、刑事拘留8人。实践证明，加大惩处土地草牧场违法违纪案件，表明盟委、行署反对腐败的坚定决心和鲜明的态度。

（八）强化工作纪律

党政机关及其领导干部和工作人员占用草牧场与民争利的问题，形成的时间较长、涉及面广、情况比较复杂、政策性很强，如果操作不好极易引发新的矛盾和问题。因此，各级党

委、政府要高度重视，加强领导，坚持依法行政，依法依规依程序办事，这是一个铁的纪律，必须贯穿始终。各级领导在清理过程中一律不准讲情，更不得随意开口子、批条子。要坚决查处那些所谓"有势力、有背景、有靠山"的人和事，对说服引导工作不起作用的"钉子户"、"难缠户"，执法执纪机关要及时介入，依法依规严肃查处，真正起到"处理一起、震慑一片、带动一方"的效果。

三　草牧场排查清理的成效

土地问题不仅是经济问题，也是社会问题，更是政治问题。兴安盟的土地草牧场排查清理工作，不仅达到了恢复生态、保护生态、还权于民、还利于民的预期目标，也改善了干群关系，提升了政府公信力，促进了农村牧区经济社会各项事业的顺利发展。

（一）解决党政机关、国家公职人员占用土地草牧场问题，做到还利于民

兴安盟在本次排查清理中，对党政机关和国家公职人员占用的土地和草牧场进行了彻底清理。以扎赉特旗为例，共清理42个党政机关占用耕地 52107 亩、草牧场 19500 亩、林地12131.8 亩，共清理 1680 名国家公职人员占用农村土地资源204290.5 亩，其中：厅级干部 2 名，退出耕地 1374.4 亩、退出草牧场 4500 亩；处级干部 5 名，退出耕地 1567.6 亩、退出

林地 43 亩；科级干部 81 名，退出耕地 9013.6 亩、退出草牧场 28715 亩、退出林地 8305.1 亩。

（二）解决无地户、少地户问题，确保耕者有其田

近年来，随着国家各种惠农惠牧政策的陆续出台以及粮食价格的不断攀升，外出务工农牧民纷纷返乡要地，产生了很多因土地问题引发的矛盾纠纷。从这次土地草场排查统计结果来看，基本情况是"三个 1/10"，即全盟近 1/10 的农牧民没地少地，近 1/10 的农牧民多占耕地，近 1/10 的土地资源被非农牧民占用。通过土地草牧场排查清理，解决了土地分配不公、占比失衡的问题，特别是对多占地、占好地的村组干部和大户做出了调整，使无地和少地的农牧民得到了调剂，解决了 104216 人少地问题，确保了广大农牧民"耕者有其田"。

（三）解决多年来的乱开荒问题，恢复草原生态植被

多年来，在相当大的程度上，存在越权审批、非法审批，以搞活地方经济名义开垦草原，以造林为由开垦草原，国有农牧场以开发的名义开垦草原，场矿企事业单位以搞福利、创收的名义开垦草原的现象。一些国家干部和群众不顾法纪，随意开垦草原，破坏了草原生态环境。在土地排查清理中，对多年来由于乱开荒形成的耕地和不适宜耕种的土地，收回后要进行退耕还草和自然修复，确保全盟耕地总面积控制在

1200 万亩以内，有效恢复草原生态植被，全力打造"绿色兴安"。

（四）解决草牧场的权属问题，保障政策措施的落实

兴安盟在本次排查清理中，坚持"遵循历史、正视现实、区别对待、分类解决、严格清理、确保稳定"的原则，对有争议的草牧场进行了确权工作，切实维护了农牧民土地草场承包和经营权益。实现了草原"用、管、护"和"责、权、利"的统一，解决了禁牧、休牧、轮牧问题，解决了长期以来草原权属不清、面积不准、界限不明、牲畜吃"大锅饭"的问题，逐步破除了牧民"草原无主、放牧无界、使用无偿、建设无责"的旧观念，增强了牧民"草原有价、使用有偿、建设有责"的意识。全面落实草原"双权一制"，解决了党政机关和党员领导干部侵占农村牧区土地资源造成的与民争利问题，保证国家各项惠农惠牧政策的落实。

（五）涉农涉牧信访量明显下降

据不完全统计，2008 年初至 2009 年 6 月，全盟因土地矛盾纠纷到盟级上访的案件达 140 批 1446 人次，占全盟信访的 70% 以上。以扎赉特旗为例，2004～2009 年 5 月，因土地问题上访共 675 批 4896 人次。通过土地草牧场排查清理，共解决了 12 大类，近 2000 起土地矛盾纠纷，800 件信访案件已全部得到处理，彻底解决了兴安盟长期以来的土地纠纷和矛盾，有效夯实了农村牧区社会的和谐之基。

（六）党群干群关系得到改善

兴安盟各旗（县、市）将这次土地排查清理工作作为转变政府职能、转变干部工作作风的一次重要实践，通过召开座谈会、宣传政策、入户调查等工作，进一步加强了农村牧区基层领导班子建设，增进广大农牧民群众和村组干部的感情。通过清理工作，村组干部熟知了农村牧区土地草场管理与保护的法律、法规和政策，掌握了群众工作的方法，依法依规处理问题的能力和水平得到了提升。同时，各级干部深入基层，不仅掌握了实际情况，更加深了干部与群众的相互了解，拉近了干部与群众的感情。

（七）农牧民对党和政府的满意度不断提升

把实现好、维护好、发展好广大农牧民根本利益作为动力源泉，坚持以人为本、执政为民，下大力解决损害群众利益的突出问题作为此次排查清理工作的出发点和落脚点。乡村两级干部充分发挥了模范带头作用，以身作则、率先垂范、宣传引导，特别是嘎查村党员干部发扬风格、全力支持、主动配合、带头签协议、带头丈量土地、带头做思想工作，带动广大农牧民积极配合清理整顿工作。通过实践，有效地重塑了党和政府的公信力，使农牧民对党和政府的满意度不断提升。

（八）达到开展排查清理的预期效果

通过本次排查清理，达到了四个方面的效果：一是还田于

民、还草于民、还权于民、还利于民，做到了"耕者有其田"；二是查处了多年来的乱开荒行为，有利于恢复生态、保护生态；三是彻底清理了党政机关及其领导干部和工作人员占用耕地、草牧场与民争利问题，还老百姓一个"明白"，给干部职工一个"清白"；四是彻底摸清了"家底"，知道了全盟拥有土地资源的确切底数，便于科学决策，科学调控资源，有利于按照科学发展观要求指导全盟各项经济社会事业发展。

四　继续加强草牧场排查清理的建议

经过长期探索与实践，兴安盟土地草牧场清理取得了明显成效。在肯定成绩的同时，我们也清醒地看到，仍有一些党政机关、少数领导干部和工作人员占用草场从事生产经营活动，持续侵害着农牧民的切身利益。同时，侵占草牧场的方式和手段越来越隐蔽，如，以租赁承包的方式和非牧户转牧户方式占用草牧场。对于上述问题，在今后的清理工作中需要把握以下几方面的问题。

（一）进一步强化组织领导

严格按照清理排查工作的要求，采取坚决有效措施，确保清理工作稳妥有序开展。对一些地区组织不力、部门协调配合不密切的，党政一把手要站在解决问题的第一线，亲自研究、亲自部署、亲自检查验收。要逐级签订责任状，明确目标和任务，为深入开展专项清理提供组织保证。

（二）开展"回头看"工作

对仍有遗留问题的地区要限期清理，对走过场的地区要进行重点整治，确保清理工作不留死角。同时，把草牧场清理工作纳入各级政府重要议事日程，建立常态化的日常工作机制。

（三）强化监督检查

进一步畅通信访渠道，完善信访诉求表达方式，拓展群众监督的渠道，创造能够监督、方便监督的平台和条件，发挥人民群众对党员干部占用草牧场行为的监督。加强对领导干部的监督，严格执行述职述廉、诫勉谈话等制度，实现事前、事中、事后的全方位、全过程监督。要组织开展自查自纠工作，撰写自查自纠报告，如实上报占用草牧场情况。

（四）加强基层干部队伍建设

当前，基层干部的能力素质与形势发展的需要在一些方面还不相适应。要按照"培训、教育、提高"的原则，加强全盟基层干部队伍建设，使其成为群众依法行政、执政为民、保护草原生态建设的忠诚卫士和捍卫人民群众利益的公仆。

B.11

让权力在阳光下运行

——锡林郭勒盟"电子效能监察"解析

朱 檬

摘 要:

锡林郭勒盟电子效能监察建设,通过在线监控、绩效评估和预警处理等程序设计和措施手段,丰富监察、监控方式和内容,强化监督的刚性设计,提高行政审批的工作效率,变事后监督为全程实时监督,做到让行政权力在阳光下运行,是现阶段反腐倡廉监察手段和方式的创新。

关键词:

锡林郭勒盟 电子效能监察

电子效能监察是指运用现代电子网络技术手段,针对行政许可和非行政许可实施过程采取全程和自动监控,并根据电子监察的结果做出的绩效评估,对情节较重的、影响较大的违规违纪行为提出行政效能告诫或行政监察建议。近几年,锡林郭勒盟纪委监察局加大资金投入量,自主研发了行政效能电子监察软件系统,实现了对辖区内6个行政服务大厅和14个分厅,

14 个公共服务单位，旗县（市、区）12 个行政服务中心，部分苏木镇（办事处）便民服务大厅，以及对盟直、市直 84 个部门、527 项行政审批许可事项的电子效能监察。[①]

一　如何进行电子效能监察

锡盟电子效能监察是"制度 + 科技"的新模式，在系统设计时要求电子效能监察与各行政主管部门密切配合协作，是一种内部监督与社会监督的结合。遵循依法监察、依法行政和有错必纠的原则，体现实事求是、监督检查与改进工作相结合，程序设计透明规范，程序运作公开公平，监察效果便民高效，目的是实现教育、预防与惩戒的统一。

（一）电子效能监察的范围

锡盟电子效能监察的范围是锡林郭勒盟行政审批服务中心服务大厅（包括分厅）各窗口单位承办的行政审批与行政许可监察项目的受理、承办、审核、批准、办结是否按规定要求进行，在项目受理、承办、审核、批准、办结中是否存在违反规定工作程序、违法实施行政许可、办事拖延、违法乱收费、以权谋私、违反公开、告知义务以及服务态度差、群众意见大等问题。

[①] 《锡盟自主开发电子监察监控系统进一步扩大全盟行政效能电子监察监控范围》，《锡林郭勒日报（汉）》2010 年 11 月 16 日。

（二）电子效能监察的项目和标准

1. 依法行政

依法行政的标准是行政许可和非行政许可项目全部进入服务大厅办理，不存在厅内厅外两头受理和场外办理办结。

2. 政务公开

政务公开的标准是按规定将承办的行政许可和非行政许可项目的办理内容、依据、程序、时限、条件和标准等，在网上予以真实、准确和及时地公开。

3. 程序流程规范

程序流程规范的标准是在受理、承办、审核、批准、办结行政许可和非行政许可项目工作过程中，按规定的依据、步骤、条件、数量和方式等规范标准办理并答复相关单位和个人。

4. 期限合法

期限合法的标准是按规定的时限办理办结行政许可和非行政许可事项。

5. 收费合理

收费合理的标准是按已公布的法定项目和标准实施收费。

6. 廉洁行政

廉洁行政的标准是行政许可和非行政许可实施单位及岗位工作人员在承办过程中，行为是否廉洁。

7. 服务态度

服务态度的标准是行政许可和非行政许可实施单位及岗位

工作人员在承办过程中，是否违背服务承诺。

8. 满意调查

满意调查的标准是依据电子效能监察系统网上调查和群众测评，确定其满意度。

（三）电子效能监察的方法和步骤

1. 在线监控

将服务大厅窗口单位电子网络系统与主管机关后场电子网络系统互联互通，实行网上办理行政审批和许可事项。通过采集编入计算机软件内的数据信息、承办过程及现场监控数据，对服务大厅各窗口单位及岗位工作人员实施行政审批和行政许可行为进行全过程监控。

2. 受理投诉

以网上投诉和信访、电话等形式，投诉反映和举报行政审批和许可实施单位及岗位工作人员效能方面的问题，并及时作出处理。

3. 满意度调查

在电子效能监察系统内设置满意度调查表，随时调查服务大厅各窗口单位及岗位工作人员的行政行为和行政效能情况。

4. 监督检查

对行政审批和行政许可实施单位及岗位工作人员进行定期或不定期的检查与考核，依据考评结果进行绩效评估。

（四）电子效能监察的绩效评估和预警处理

根据《盟行政审批服务中心服务窗口及工作人员考核办

法》进行打分，测评总分值为百分制。量化测评周期按月进行，年度绩效评估结果综合统计分析和汇总半年进行一次，半年、年度总分值取月半均值。绩效评估结果标准为四个等级，得分90分以上为优秀，70～89分为良好，60～69分为合格，0～59分为不合格。对电子效能监察绩效评估结果不合格的，对其发送《行政效能告诫书》或《行政监察建议书》。凡应给予行政效能告诫或行政监察建议处理的，服务大厅窗口单位及岗位工作人员每接到一次《行政效能告诫书》，便从总分值中扣除5分，每接到一次《行政监察建议书》，从总分值中扣除10分，并按接到次数累加。对受到行政责任追究和行政纪律处分的单位和个人，受到一次从总分值中扣除10分，并按受到次数累加。对情节恶劣、后果严重、影响极大的行政行为过错和行政效能问题，则按照《锡林郭勒盟行政机关工作人员行政过错责任追究暂行办法》和《锡林郭勒盟政务公开责任追究办法》的有关规定处理。

二　电子效能监察的功能

（一）实时电子监察监控，对行政权力运行严格把关

锡林郭勒盟根据集中行政审批工作的需要，投资研发了电子监察系统，对行政审批过程进行实时的、全面的、全程的监控和管理。

一是突出事前监察。在认真分析、研判、总结近些年来全

盟行政权力运行现状及规律的基础上，协调推动有关部门，进一步清理行政许可、非行政许可审批、行政服务项目共计4000余项，要求每项行政权力务必流程完整、环节清晰、表述准确，形成全面、准确、合法的"权力清单"。

二是强化事中监察。为了规范领导行政审批行为，对各级行政审批服务中心设立审签室，对暂时不能授权的和法律法规有明确要求必须由主要负责人签批的，相关负责领导必须到审签室签批，杜绝"收发室、中转站"现象。截至2011年底，对锡林浩特地区行政服务中心直接监察监控各类行政服务办件46774件，发出监察意见556份，发红黄牌505个。①

三是完善事后监察。一期工程统一安排数十部投诉直通电话，受理投诉举报，并对各级行政服务中心及便民服务大厅安装触摸屏、评价器并开通网站评议，电子监察系统自动统计评议评价结果，作为考核奖惩的依据。

四是实施政务公开。实现"三个全覆盖"，即根据《政府信息公开条例》，把"固定公开、动态公开和实时公开"等应公开信息全部纳入电子监察的范围，实现应公开内容电子监察全覆盖；依托行署门户网站，将全盟13个旗县（市、区）政府部门全部纳入电子监察的范围，实时掌握各单位政府信息公开情况，实现应公开单位电子监察全覆盖；将政府门户网站"公众留言、信息共享、依申请公开、信息公开和盟长热线"等内容纳入电子监察范围，实现群众诉求信息督办电子监察全覆盖。

---

① 锡林郭勒盟纪委提供的数据材料截至2011年底。

（二）建立远程视频监控，使效能监察"看得见"

针对群众反映的基层窗口服务单位及其办事人员服务态度差、办事效率低、群众意见大等问题，锡林郭勒盟行政监察监控中心对各级行政服务中心大厅等 33 个监控点安装行政效能监察"电子眼"，采取实时监控的办法，一旦发现上述问题，即对工作人员进行警告和责令整改的措施，情节严重的将依据视频信息进行行政纠错或者立案监察。

（三）动态绩效考核，强化监督体系

在实现全程监控的基础上，进一步完善《锡林郭勒盟行政效能投诉受理暂行办法》、《锡林郭勒盟政务公开考核办法》、《锡林郭勒盟政务公开责任追究办法（试行）》、《锡林郭勒盟行政机关工作人员行政过错责任追究办法》、《锡林郭勒盟行政效能电子监察办法》等规章和规范性文件，绩效考核建立强有力的监督体系。

三　电子效能监察的成效

（一）加强防范意识，规范行政审批

电子效能监察的组织实施，体现了事前、事中、事后监督相结合的要求，既加强了防范意识，又及时发现和制止诸如擅自设置许可事项、违反许可规定条件、程序或继续实施已取消

的行政许可事项等违法违规问题的发生，使全盟行政审批工作得到进一步规范。

（二）加强行政管理，提高服务水平

通过实施电子效能监察，各部门、各单位能够主动联系实际，强化管理，改进工作，提高效率。凡是工作中出现纰漏或绩效考评排名靠后的单位，都能自觉主动查找原因，制定具体整改措施，提高服务质量和水平。

（三）强化监察效能，防止违纪违规

电子监察系统对发现的违规行为自动发出预警信息，自动生成相关的监察意见和文书，促使整个行政服务和监察监控工作都处于阳光之下。电子监察系统的全程实时监督监察，产生明显的威慑作用，有效地预防了以权谋私等现象的发生。

（四）丰富监察手段，推动科学评估

电子效能监察系统的应用，促使监察方式、监察手段、绩效评估实现由柔性手段转向刚性措施的转变；实现行政效能监察由事后监督向全过程监督的转变，将审批的各个环节都纳入监察的视线，可以及时发现、预防和查处不规范行为和违纪违规问题，形成事前、事中、事后全过程的监督体系；实现绩效评估由主观评价向客观评价转变，对考核的每一项内容都设定了具体的量化测评要素和标准分值，根据监控所获得的数据信

息和监察机关受理投诉、日常监督检查所掌握的情况，进行绩效测评，使效能评估更加客观公正。

（五）推动政务公开，有效堵塞漏洞

电子效能监察通过对行政审批环节中易产生权力寻租的风险点进行全程监督，并采取透明公开的工作机制，保障了群众的"知情权、参与权和监督权"，对容易形成的工作漏洞，采取可视化的现代科技手段予以有效解决。促进了依法行政、廉洁从政，同时促使行政许可、非行政许可、公共便民服务事项和行政收费标准化、格式化和公开化管理。

目前，电子效能监察系统作为现阶段我国反腐倡廉监察手段和方式的创新，在全国部分省、区、市已经全面铺开，锡林郭勒盟的电子监察系统建设具有一定的代表性。锡林郭勒盟电子效能监察系统是一种创新型工作模式，通过丰富监察监控方式和内容，提高行政审批的工作效率，变事后监督为全程实时监督，为行政权力的运行筑起了"防火墙"，为效能监察安上了"电子眼"，建立强有力的监督体系，做到了让权力在阳光下运行。

个 案 追 踪

Case Study

B.12

探索"阳光招生"之路

——内蒙古普通高校高考招生录取工作纪实

党敏恺　魏文芳

摘　要：

内蒙古自治区推行的"阳光工程"取得重大突破，让高考招生工作更加公开、透明、有效率，对考生产生了深刻影响，对学校、社会也有着非同寻常的意义。尽管如此，内蒙古的高考录取模式仍需要在实践中继续加以创新，更好地为内蒙古的全面发展提供人才支撑和智力支持。

关键词：

内蒙古　高考　阳光招生

一　内蒙古高考招生录取新模式
形成过程及其特点

2003 年，内蒙古普通高校招生首次实现网上查询卷面分数。

2005 年，内蒙古普通高校招生进行网上报名的试点，专科补录工作中首次实现网上补报志愿。

2006 年，内蒙古自治区政府下发《关于实施高考网上报名有关事宜的通知》，要求各盟（市）进一步加强互联网建设，确保 2006 年普通高考网上报名、网上分段多次公开补报志愿工作的顺利实施，改革探索取得了历史性的突破，这标志着内蒙古普通高校招生网上报名、网上填报志愿工作纳入了政府统一管理的轨道，推进了招生"阳光工程"的制度化。

2008 年，内蒙古普通高校网上招生实现动态排名精确定位填报志愿。

2009 年，内蒙古考生所报院校的第一志愿实现实时排名。

2010 年，内蒙古报考高职高专院校的考生可以查看自己在所报院校及所报第一专业的实时排名。

2011 年，这种动态排名精确定位的网上填报志愿的方法推广到所有录取批次。高度透明的录取过程让考生实实在在享受到了公开、公平、公正的制度设计和运行机制带来的好处。经过多年实践，这种填报志愿的模式逐步完善，被社会广泛认同。它允许考生在精确掌握院校招生政策和计划信息的基础上及时调整与修改自己的志愿，有效克服了手工纸质填报志愿的诸多弊端，极大提高了考生填报志愿的准确率，从源头上杜绝了腐败行为的发生，真正把普通高校招生工作"阳光工程"落到实处。

目前，我国高考填报志愿主要采取两种模式：一种是传统模式，按"梯度志愿"投档录取，强调志愿优先，遵循分数，弊端较多；另一种是按"平行志愿"投档录取，强调分数优先，遵循志愿。但现行的这两种模式都存在信息不对称的问题，都将分数和志愿割裂开来，不利于考生和高校的双向选择，而内蒙古的填报志愿模式将分数与志愿协调统一，实现了由静态到动态、由举棋不定到有的放矢的转变，具有动态排名、精确定位、信息对称、全程阳光的特点（见图1）。

第一，考生网上提交志愿后，可以实时动态地查询到排名情况，将志愿与分数兼顾考虑，让考生拥有充分的选择权，适时调整志愿，使所报志愿不断优化，与分数达到最佳匹配。

第二，考生查询排名情况后，可以根据自己分数所处的位置，反复修改志愿。这种精确定位的填报志愿模式强化了考生在录取中的主体地位，充分调动了考生的主观能动性，体现了"以人为本"的选拔理念。

第三，考生在网上填报志愿方式时，能够了解自己在所报院校的排名及其他考生报考意愿，这就在考生与考生、考生与

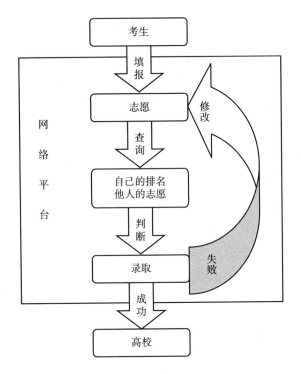

图1 内蒙古高考招生"阳光工程"网报志愿流程

院校之间实现了信息对接，最大限度减少了由于信息不对称带来的盲目性，使招生院校生源充足，生源质量大幅提高，考生志愿准确率也随之提高。

第四，所有考生利用网络平台填报志愿，考生在完成志愿填报后就可以判断能否被所报院学录取，从填报志愿到录取结束整个过程公开透明，"全程阳光"。

二 内蒙古高考招生录取新模式的成效

2008年底，内蒙古招生考试部门在天津、河北、内蒙古等地的十几所高校内对刚入学的高考学生进行回访，并对6000名年级不同、生源地不同的在校本科大学生展开了问卷调查。结果显示，72%的考生认为，在传统报考信息采集的模式下，造成志愿填报失误的症结是不了解自己在所报学校的排名，不了解其他考生的意愿，而不是招生部门提供的志愿数太少。76%的学生认为，为使填报的志愿更准确、更理想，采用动态排名精确定位的方式是更有效的，24%的学生认为还应进一步增加平行志愿数。

内蒙古的网报志愿模式由于提供了院校和第一专业的实时动态排名，极大地提高了院校一志愿录取满足率。以2011年的本科一批为例，一志愿区外院校录取率为98.7%，区内、区外院校录取率为91%，第一专业满足率为82.3%。很多院校看到内蒙古的生源质量较好，对内蒙古的录取模式也表示肯定，在考生网上填报志愿的过程中及时向内蒙古增设招生计划。2011年本科一批网报期间，部分驻京高校就临时向内蒙古增加了14个招生计划。为了避免分数较高的考生因第一次填报失误而未能进入理想高校的情况发生，第二次网报志愿时，内蒙古教育招生考试中心和哈尔滨工业大学、北京化工大学等著名高校联系，这些院校向内蒙古增加了招生计划，结果大大降低了内蒙古高分考生的落榜率。

2008年，国内各大媒体开始关注内蒙古的普通高校招生网上填报志愿模式。7月15日，《人民日报》、《光明日报》、《中国教育报》、《中国青年报》等媒体分别对内蒙古的网报志愿模式进行了报道。其中，《光明日报》刊发的《"实时在线"

助内蒙古高招"全阳光"》被第二天 CCTV - 1 和 CCTV - 新闻
频道的《朝闻天下》转载，随即也引起了央视其他频道的广
泛关注，先后共有 8 个中央电视台的频道对内蒙古的网报志愿
模式进行了专题报道。

在官方媒体的大力宣传下，从 2008 年 9 月开始，全国各
省（自治区、直辖市）教育考试招生部门以及著名高等学府
的专家先后到内蒙古考察，学习、借鉴内蒙古网上填报志愿的
先进经验和做法。2011 年 7 月 11 日至 13 日，国家教育咨询委
员会专家莅临内蒙古进行专题调研，实地考察了网报志愿和网
上录取模式，对内蒙古动态排名精确定位模式给予了充分肯定
和高度评价。专家们认为，现行的高考制度下，高校招生的理
想模式应该是学校录取到适合的学生，学生也选择到适合的学
校，而内蒙古的高考录取模式在很大程度上实现了这一点，有
效地化解了填报志愿的风险。2011 年 8 月 4 日，教育部副部
长林蕙青到内蒙古考察时指出，内蒙古的高考录取新模式已经
成为一个品牌，是继"网上录取"之后第二个利用信息技术
完成的一项重大改革，是公众受益、毫无争议的一项创举，值
得推广。

内蒙古动态排名精确定位的网报志愿模式，从志愿填报到
录取结果整个录取进程都公开透明地展现在网上作业平台上，
全程"阳光"。2012 年，内蒙古教育招生考试部门向考生和社
会公开、公示的查询项目和途径就多达 39 项，考生网上填报
志愿、查看录取结果所需要的所有信息全部都呈现在网上。这
一举措进一步推进了"阳光招生"的制度化、系统化和常态

化,切实维护了普通高校招生的公平与公正。特别是考生可将本人录取结果与网报志愿的统计信息前后校验,无形中建立了强大的监督约束机制,规避了高校招生制度信息不对称的弊端,并从源头上杜绝了招生"黑幕"的发生。

三　内蒙古高考招生录取新模式的价值取向

内蒙古将公正合理的招生制度与屡创新高的科技应用相结合,开创了动态排名精确定位的高考招生录取模式,极大地提高了考生填报志愿的准确率,也从源头上杜绝了招录腐败行为的发生,真正把普通高校招生工作"阳光工程"落到实处。内蒙古改革高考招生录取工作以来,在社会上树立了良好形象,赢得了各方面的高度认可与广泛赞誉,这与内蒙古在高考招生录取改革方向和发展过程中的价值取向是分不开的,即以人为本的目标价值取向、公平公正的社会价值取向、不断创新的技术价值取向。事实上,只有始终坚持这些价值取向,才有利于推动招生改革和教育事业的健康发展。

必须始终坚持以人为本的目标价值取向。坚持以人为本的目标价值取向,反映到高校招生改革中,就是要以考生为本,要把切实维护广大考生的合法权益作为根本出发点和落脚点。内蒙古招生录取模式多年的实践经验证明,只有把"以人为本"作为贯穿招生考试改革的主线、宗旨和目标,政府及相关教育招生考试部门给予高度关注、大力支持,积极满足考生的需求,高考改革才会从一种淘汰式精英教育过渡到面向全民

的国民教育，才能让学生拥有更多的求学机会、更多的自主权利和更多的进取欲望，才能真正得到考生、家长、社会的普遍满意与广泛拥护。在高考改革过程中，以人为本教育理念的精髓就在于，努力做到分数公平与发展公平，让适合接受不同教育的学生分布到各个层次、各个专业的教育中。

必须始终坚持公平、公正、公开的社会价值取向。公平、公正、公开是招生考试改革的前提更是归宿，同时必须体现社会的共同价值取向。高考政策作为一种公共政策，应该是一项利国利家利民的服务政策。通过高考，尽可能让更多的社会后备力量接受高等教育。因为高等教育资源的有限性与不平衡性，决定了高考竞争的必然性和强烈性。而我们改革的目的就是为了让不同地区的学子能够在统一的标准、同等的机会面前公平地竞争，真正实现考试平等、真实与单纯化，达到考试只明考学生的学识渊寡与能力高低，而不暗考家长的金钱多少和权力大小。内蒙古自治区通过建立健全招生录取运行机制，把所有招录信息全部呈现在网络平台上，实现了招生录取的公平、公正、公开，做到了分数面前人人平等。这一网上录取模式的改革不仅有助于实现人才选拔的终极目标，更有利于树立良好的学习风气，形成优良竞争的社会风貌，为社会其他方面的发展提供可靠的智力支持和思想保障。

必须始终坚持不断创新的技术价值取向。当前，在高等教育资源不平衡的基础上，在优质高等教育资源比较匮乏的条件下，为了合理有效地配置这些资源，必须在技术创新的层面上加快高考的改革，从而实现科学地选拔人才，让有限的教育资源得到科学合理的配置，发挥最大的效益，提高高考的选拔率。多年来，内蒙古紧贴招生管理实际，一直在创新中积极探索招生考试改革，积极构建多元化、信息化的招生考试体系，创立了从政策发布、信息咨询、网上报名、网上交费、志愿填报到网上查询录取进程与录取结果的"阳光"平台，积极推进网上录取方式的改革，进一步提升招生考试的科学化、信息化管理水平，大大节省了人力、物力和财力，全面实施"阳光招生"工程，让招生腐败无处容身。

高考招生制度是国家选拔和培养人才的重要途径，关乎民族振兴、教育发展、社会和谐，更与众多考生和千百万家庭的切身利益休戚相关。预设、过程、结果科学、公正、真实是家长与学生对高考的共同期望。内蒙古自治区推行的"阳光工程"，在这一方面有了重大突破，实现了高考招生录取工作公开、透明，通过设置群众及媒体等的监督通道，让多方主体参与监督；并建立健全发现不公、不明问题立即追究责任的体制机制等主要方式堵塞权力滥用的漏洞，消除腐败产生的可能；更是给了考生和家长公正，给了社会安全，对考生、家庭、学校、社会都具有非同寻常的意义。尽管如此，内蒙古的高考录取模式仍在具体实际中逐步加以创新和进步，以便为内蒙古又好又快的全面发展提供坚实的人才支撑和保障。

社会反响

Public's Reaction

B.13

2012年内蒙古自治区党风廉政建设民意调查

内蒙古自治区纪委法规室　国家统计局内蒙古调查总队

摘　要：

通过群众对反腐倡廉建设、党风廉政建设的总体评价以及群众对反腐倡廉建设的关注、参与程度及形势判断，较为客观地反映了群众对内蒙古党风廉政建设的真实看法。

关键词：

内蒙古　党风廉政建设　民意调查

继 2008 年、2011 年之后，2012 年，内蒙古自治区纪委委托国家统计局内蒙古调查总队，第三次对自治区党风廉政建设进行了民意调查。民意调查采取入户访问调查的方式，全区共有 3600 户居民（其中城镇 1600 户，农牧区 2000 户）接受了调查，发出问卷 3600 份，收回有效问卷 3600 份。本次调查历时两个月，较为客观务实地反映了群众对自治区党风廉政建设的看法。

一　群众对反腐倡廉工作的总体评价

第一，群众对"内蒙古反腐倡廉的总体状况"的评价较好，认可率达到 63.69%（其中认为"好"的为 35.58%，认为"比较好"的为 28.11%）（见图 1）。

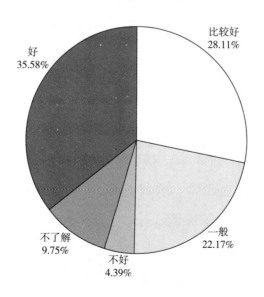

图 1　对内蒙古反腐倡廉总体状况的评价

第二，群众对近年来党风廉政建设和反腐败斗争所取得的成效的满意度为65.66%（其中"满意"为39.19%，"较满意"为26.47%），比2011年提高6.36个百分点，比2008年提高12.18个百分点。数据上呈现明显的城乡差异，城市群众选择"满意"的占31.69%，而农村牧区群众选择"满意"的占45.20%（见图2）。

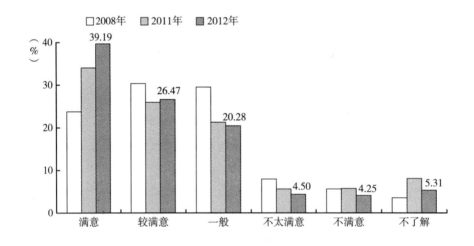

图2 对近年来党风廉政建设和反腐败斗争的成效是否满意

第三，群众普遍认为所在地区和单位党政领导相当重视党风廉政建设和反腐败斗争，认为"重视"的为46.58%，认为"较重视"的为23.42%，合计达到70%，两项合计比2011年提高6.47个百分点（见图3）。

第四，76.64%群众认为经过这些年的预防和治理，腐败现象得到一定程度的遏制，其中认为"得到有效遏制"的占34.14%，认为"在一定范围内得到遏制"的占

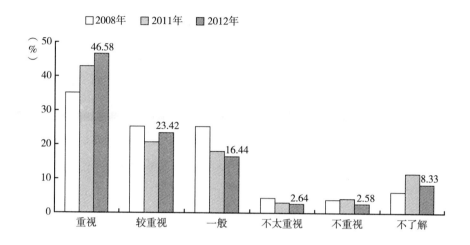

图 3 党政领导对党风廉政建设和反腐败工作是否重视

42.5%，分别比 2011 年提高 3.82 个和 3.72 个百分点。而认为"没有遏制住"的，从上年的 15.41% 下降为 9.97%（见图 4）。

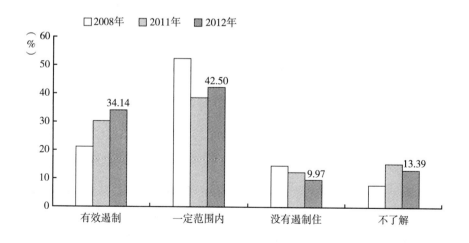

图 4 经过这些年的防治，腐败现象是否得到遏制

第五，群众对党和政府查处领导干部违法违纪案件工作予以肯定，认为"很有力度"和"力度较大"的占65.75%，分别比2011年和2008年提高6.4个和8.07个百分点，其中认为"很有力度"的与2008年相比有较大幅度提高，增加了13.59个百分点；认为"力度较小"和"没有力度"的占24.95%，比2008年降低8.33个百分点。近几年群众对违法违纪案件查办工作的认可度逐年提高（见图5）。

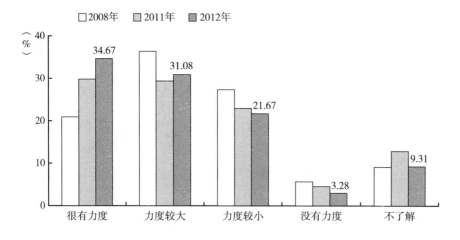

图5　党和政府查处领导干部违法违纪案件是否有力度

第六，群众对"中央重大决策部署落实情况的监督检查工作"、"近年来党和政府加强基层党风廉政建设、解决发生在群众身边的腐败问题"和"当前党员干部队伍的纯洁性"等三方面的评价，满意度都比较高，2/3以上的群众都达到"较满意"以上的水平（见图6）。

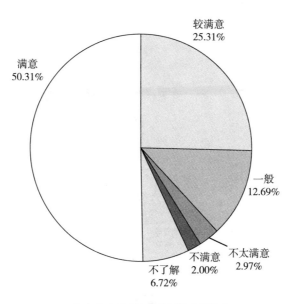

（a）中央重大决策部署的监督检查

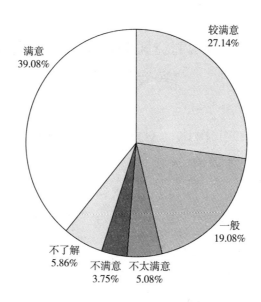

（b）解决群众身边的腐败问题

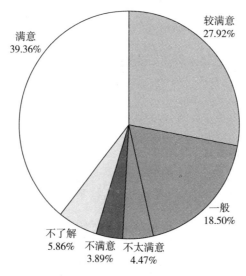

（c）当前党员干部队伍的纯洁性

图6

二 群众对党风廉政建设和反腐败
斗争专项工作的评价

第一，与往年相比，对解决司法领域（公安、检察院、法院）的不正之风和腐败问题，群众的满意度明显提高。认为"明显减少"的达到32.08%，比2008年和2011年分别提高18.88个和10.34个百分点。而认为"变化不大甚至情况恶化"的群众比重逐年减少，变化趋势较为明显（见图7）。

第二，纠正损害群众利益的不正之风工作的群众满意度逐年提高。达到"满意"程度的群众比重从2008年的17%提高

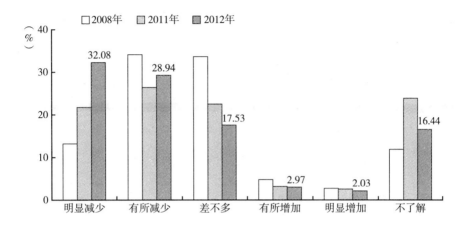

图 7 司法领域的不正之风和腐败问题变化的评价

到 2012 年的 35.19%。认为"工作成效一般或者不太满意"的群众比重逐年降低，变化趋势较为明显（见图 8）。

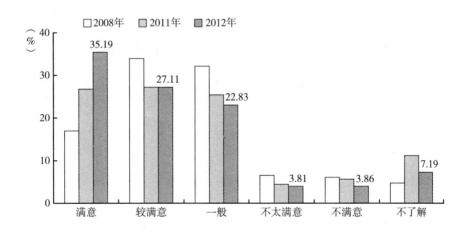

图 8 对今年以来纠正损害群众利益的不正之风工作的满意度

第三，群众对当前领导干部行使权力监督效果评价明显提高，认为"非常有效"和"比较有效"的为 64.14%，比

2011年的51.84%提高12.3个百分点；认为"效果较差"和"没有效果"的逐年减少，降为20.19%。表明近年来制约和监督权力运行的成效比较明显，得到群众的认可（见图9）。

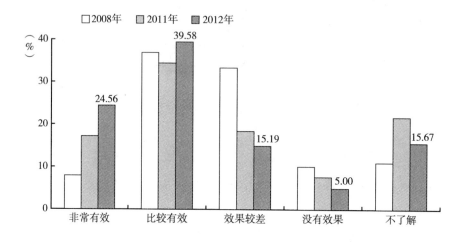

图9　当前对领导干部行使权力的监督效果

第四，群众对政府机关办事结果公开情况认可度一般。在历次调查中，对"涉及您关心的问题时，政府机关的办事结果是否向您公开，让您清楚"的问题，认为"很清楚"和"比较清楚"的始终不到半数，而选择"不太清楚"和"不清楚"的一直超过1/3。与2008年相比，选择"很清楚"的比重明显上升，表明近年来政务公开取得一定成效，但与群众的期望和要求相比，还有明显差距（见图10）。

第五，群众对领导干部和政府工作人员的廉洁性总体评价较好，认为"大部分领导干部廉洁"的达到60%，在"办事

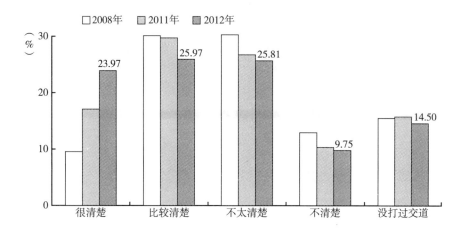

图 10　党政机关办事结果的公开

过程中没有向政府工作人员送过财物"的达到 66%。但仍有将近 30% 的群众给出了负面评价，认为所接触的领导干部只有"极个别"或者"少数"是廉洁的。有过请客送礼经历或者不便表态的比重大约为 1/3（见图 11）。

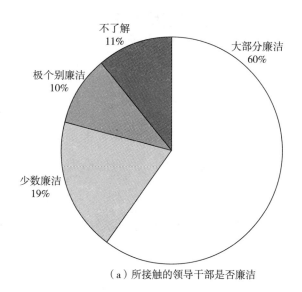

（a）所接触的领导干部是否廉洁

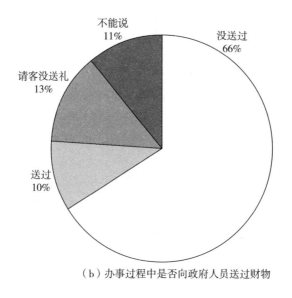

（b）办事过程中是否向政府人员送过财物

图11

三　群众对反腐倡廉工作的关注、
参与程度及形势判断

第一，群众对腐败问题的主要信息来源是报刊电视等媒体，比重超过50%。以互联网为主要信息来源的比重逐年上升。在媒体选择上，有较为明显的城乡差异，农村牧区群众比城市群众更依赖报刊电视媒体，城市群众从互联网获取信息的比重是农村牧区群众的4倍（见图12）。

第二，群众参与反腐败的热情不断提高。广大群众在了解掌握一些具体涉及腐败问题的线索时，选择"积极举报"的不断增多，占53.42%，比2008年提高11.54个百分点。"涉

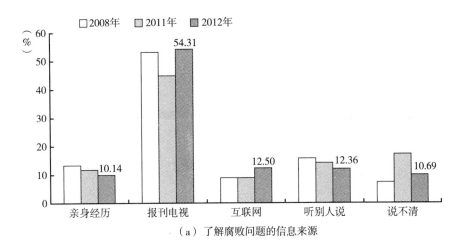

（a）了解腐败问题的信息来源

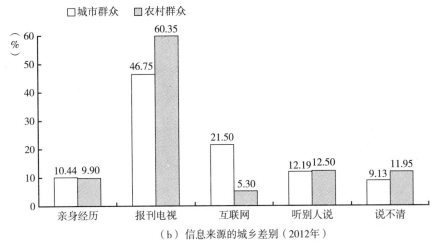

（b）信息来源的城乡差别（2012年）

图 12

及自己利益才举报"和"怕打击报复不敢举报"的不断减少，分别占 13.44% 和 12.33%，分别比 2008 年降低 6.92 个和 11.31 个百分点（见图13）。

第三，群众举报腐败问题的首选途径是"拨打专门举报电话"，也就是说纪检监察机关是群众举报的首选渠道。此

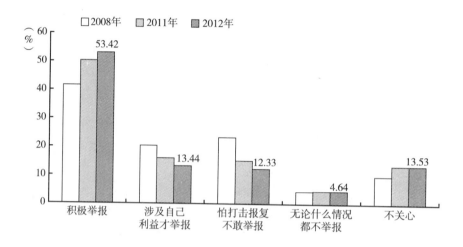

图13　掌握腐败问题线索是否会举报

外，选择信访和上访途径的群众比重分别达到 24.97% 和
15.06% 。举报途径选择上的城乡差别明显，城市群众选择网
络曝光和诉诸媒体的比重远高于农村牧区群众，而农村牧区群
众更习惯于选择上访和找人大代表、政协委员反映情况（见
图14）。

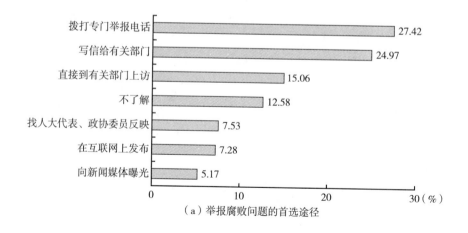

（a）举报腐败问题的首选途径

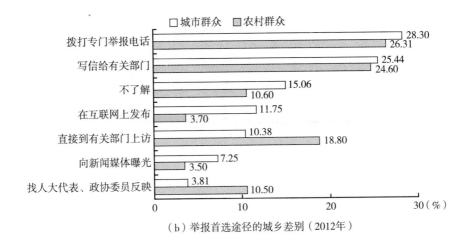

（b）举报首选途径的城乡差别（2012年）

图 14

第四，在对监督方式的评价上，总体来看，历次调查结果变化不大。"舆论监督"和"群众监督"被认为是最有效的方式，"人大代表的监督"和"纪检监察机关的监督"也得到充分认可。在城乡差别上，城市群众更相信来自新闻舆论、纪检监察和审计部门的监督，而农村牧区群众则更倾向于人大代表和上级机关的监督（见图 15）。

第五，对"今后一段时间，腐败现象将会怎样变化？"的问题，认为"逐渐减少"的群众比重不断提高，2012 年已经接近六成，认为会"更加严重"或"没有变化"的群众不断减少，说明群众对党和政府的反腐败工作是充满信心的（见图 16）。

第六，超过 70% 的群众对"通过开展反腐败斗争逐步遏制和克服腐败现象"表示"有信心"或"较有信心"，而且"有信心"的群众比重不断提高，总体来看，群众对未来反腐败斗

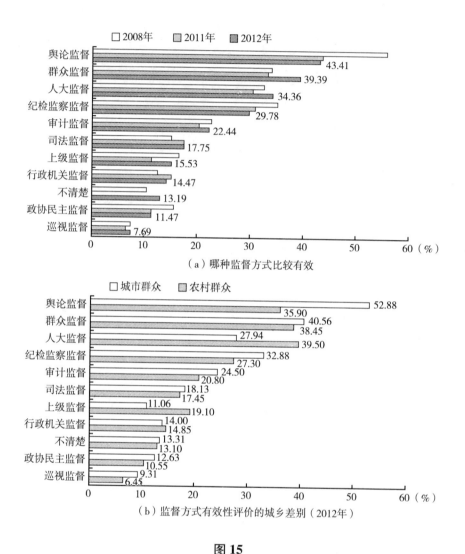

图 15

争形势的乐观预期是明显的。值得注意的是持悲观态度的群众也占相当比例，表示"信心不大"或"没有信心"的超过20%。此外，农村牧区群众比城市群众更有信心（见图17）。

第七，对进一步加大反腐败斗争力度的措施，群众意见主要

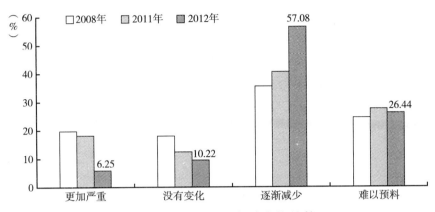

图16　今后腐败现象的变化趋势

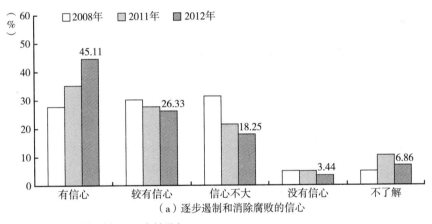

（a）逐步遏制和消除腐败的信心

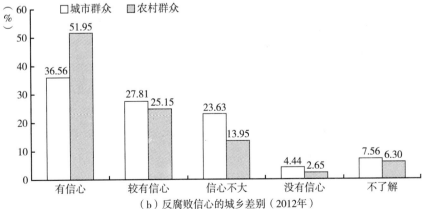

（b）反腐败信心的城乡差别（2012年）

图17

集中在"对腐败分子用重典（包括死刑）"、"加大对腐败分子经济处罚的力度"上，尤其值得注意的是，"对腐败分子用重典"的意见在历次调查中都排在第一，而且比重相当高。今年新增"加强新闻舆论监督"、"推进办事公开，实现权力阳光运行"和"加强思想政治教育，加强廉洁文化建设"等选项，群众意见也比较集中，特别是关于廉政文化建设，在另一个问题"当前开展的廉政文化建设对增强全社会的反腐倡廉意识是否有效"的回答中得到印证，有超过70%的群众认为效果较好（其中认为非常有效的占28.78%，认为比较有效的占41.53%）（见图18）。

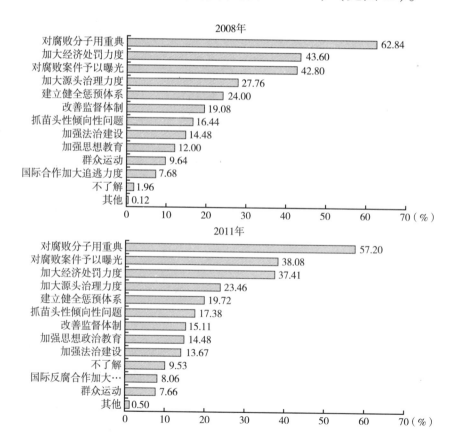

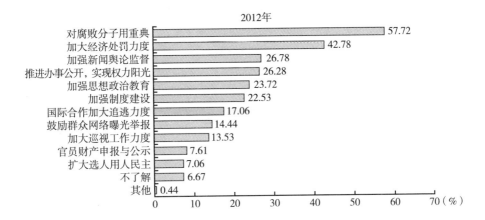

图18　群众对进一步加大反腐败力度的措施建议

附　录

Appendix

B.14

内蒙古自治区贯彻落实中共中央《建立健全惩治和预防腐败体系2008~2012年工作规划》实施办法

为认真贯彻落实中共中央《建立健全惩治和预防腐败体系2008~2012年工作规划》（以下简称《工作规划》），不断推进自治区惩治和预防腐败体系建设，结合实际，制定本实施办法。

一　贯彻落实《工作规划》的总体要求

（一）指导思想

高举中国特色社会主义伟大旗帜，以邓小平理论和"三个代表"重要思想为指导，深入贯彻落实科学发展观，坚持标本兼治、综合治理、惩防并举、注重预防的方针，把反腐倡廉工作融入经济、政治、文化和社会建设之中，紧密结合党的思想、组织、作风和制度建设，在坚决惩治腐败的同时，更加注重治本，更加注重预防，更加注重制度建设，全面构建自治区惩治和预防腐败体系，为建设富强、民主、文明、和谐的内蒙古提供有力保证。

（二）工作原则

按照中央提出的"围绕中心、服务大局，改革创新、开拓进取，惩防并举、重在建设，统筹推进、综合治理，突出重点、分类指导"的基本要求，坚持把推进科学发展、促进社会和谐作为惩防体系建设的出发点，站在全区经济社会发展和党的建设全局的高度谋划和落实惩防体系建设各项任务，做到既发挥服务和促进作用，又推动反腐倡廉各项工作的落实。坚持惩防并举、防治结合，重在建设，使惩治与预防、教育与监督、深化体制改革与完善法规制度有机结合，做到惩治和预防两手抓两手都要硬，不断提高有效防治腐败的综合能力。坚持深化改革和制度创新，不断健全和完善从源头上防治腐败的体制机制和制度，以发展的思路和改革的办法，推进反腐倡廉建设的深入发展。坚持突出重点，整体推进，抓住腐败易发多发的重点领域和关键环节，以规范和制约权力为核心，以领导干部为重点，综合发挥教育、制度、监督、惩处和改革的力量，全面推进惩防体系建设。坚持结合自治区实际，立足当前，着

眼长远，注重实效，区分不同情况加强分类指导，增强惩防体系建设的科学性，使反腐倡廉建设更加富有成效。

（三）建设目标

从 2008 年起，在惩防体系建设第一阶段前三年工作的基础上，经过五年坚持不懈的努力，建成内蒙古自治区惩治和预防腐败体系基本框架，拒腐防变教育长效机制初步建立，反腐倡廉法规制度比较健全，权力运行监控机制基本形成，从源头上防治腐败的体制机制改革继续深化，党风政风明显改进，腐败现象进一步得到遏制，人民群众的满意度有新的提高。

二　贯彻落实《工作规划》的主要任务

（一）深入开展反腐倡廉教育

1. 加强党员及领导干部党风党纪和廉政教育

深入开展理想信念和廉洁从政教育。认真学习贯彻中国特色社会主义理论体系，深刻领会和自觉落实科学发展观，坚定共产主义远大理想和中国特色社会主义共同理想，牢固树立马克思主义的世界观、人生观、价值观，牢固树立正确的权力观、地位观、利益观和社会主义荣辱观；认真学习党的三代中央领导集体反腐倡廉重要思想和以胡锦涛同志为总书记的党中央关于反腐倡廉的重要论述，学习党章等党内法规和国家法律法规，不断加强廉洁从政教育，树立社会主义法治理念，增强法制观念和纪律意识，打牢廉洁从政的思想政治基础。加强党的作风和纪律教育。教育和引导各级领导干部自觉遵守党的政治纪律、组织纪律、经济工作纪律和群众工作纪律，增强模范遵守党纪国法的自觉性。

各级领导班子要带头学习反腐倡廉理论，党委（党组）理论学习中心组每年至少安排两次反腐倡廉理论专题学习，旗县以上党政主要负责人每年要在一定范围内讲一次廉政党课，纪委书记每年要在当地党政机关主要负责人范围内做一次反腐倡廉形势分析报告。各级组织人事部门要把反腐倡廉教育列入干部教育培训规划，指导、检查党校和行政学院及其他干部培训机构开展反腐倡廉教学活动，保证各级领导干部在任职培训、在职岗位培训中都接受廉政教育。

各级党组织要认真落实中央《关于加强党员经常性教育的意见》，坚持和完善"三会一课"制度，充实反腐倡廉教育内容，结合党员教育培训工作，每年至少组织一次反腐倡廉主题教育活动，创新活动形式，注重活动效果，进一步增强广大党员的反腐倡廉意识。

2. 加强面向社会的反腐倡廉宣传教育

把反腐倡廉宣传教育纳入党的宣传教育总体部署，进一步加大反腐倡廉宣传力度。深入宣传党的反腐倡廉理论、方针政策、基本经验和工作成果，宣传自治区党风廉政建设和反腐败工作的形势、任务和要求，宣传自治区各条战线勤廉兼优的先进典型，唱响反腐倡廉主旋律。

自治区各级主要党报党刊、电台、电视台和重点新闻网

站、政府有关网站，要继续办好反腐倡廉相关栏目，充实和丰富反腐倡廉内容。进一步扩大内蒙古日报《法制时空》、《法网恢恢》，内蒙古电台《纵横118》、《法制直播间》、《行风热线》，内蒙古电视台《法制专线》、《今日观察》以及内蒙古互联网新闻中心、内蒙古党建远程教育网络法制频道等反腐倡廉专题栏目的影响力，营造良好的舆论氛围。

自治区和各地要继续加强反腐倡廉教育基地建设，进一步加大示范教育和警示教育力度，组织广大党员和公职人员观看反腐倡廉影视作品，开展案例教育等活动。深刻剖析自治区近年来发生的领导干部违纪违法案件，做到警钟长鸣。完善宣传教育方式，拓宽宣传教育途径，突出抓好人财物管理等重点岗位和节假日等关键时期的宣传教育活动，推动反腐倡廉宣传教育覆盖全社会，深入社会各阶层，努力形成"以廉为荣、以贪为耻"的社会风尚。

3. 加强社会主义廉政文化建设

认真贯彻《内蒙古纪委、组织部、宣传部关于加强廉政文化建设的实施意见》，把廉政文化建设纳入自治区民族文化大区建设和精神文明建设总体部署之中，结合社会公德、职业道德、家庭美德、个人品德教育和法制教育，创建丰富多彩的廉政文化。

继续推进廉政文化进机关、进企业、进农村牧区、进学校、进家庭、进社区活动。结合机关作风建设，深入开展服务人民、廉洁从政教育；结合企业文化建设，深入开展依法经营、廉洁从业教育；结合新农村新牧区建设，深入开展乡风文明、崇廉尚廉教育。贯彻国家《关于在大中小学全面开展廉洁教育的意见》，在学校德育教育中深入开展廉洁教育，丰富青少年思想道德实践活动；借助"和谐家庭"、"美德家庭"等创建活动，深入开展家庭助廉教育，大力倡导清廉家风；围绕社区文化建设，丰富廉政文化教育内容，营造社区文明风尚和清廉环境；适应社会组织结构变化，加强法纪和自律教育，引导社会组织及其从业人员增强依法执业、公正廉洁意识。

按照自治区民族文化大区建设要求，发扬革命和民族优秀文化传统，实施"廉政文化精品工程"。挖掘、整理自治区优秀廉政文化资源，积极创作和展示具有内蒙古地方与民族特色的反腐倡廉影视、戏剧、歌曲、小品、书画等文学艺术作品以及公益广告，扩大廉政文化精品的覆盖面，增强反腐倡廉宣传教育的感染力和影响力。

4. 完善反腐倡廉宣传教育工作格局

各级党委要把反腐倡廉宣传教育作为对党员教育的重要内容，加强对反腐倡廉宣传教育工作的领导，健全和完善反腐倡廉宣传教育工作联席会议制度。纪检监察、组织人事、宣传思想、文化教育、新闻出版、广播影视等联席会议成员单位，每年要对反腐倡廉宣传教育工作作出安排，与其他工作同部署、同检查、同考核。同时发挥部门职能作用，加强沟通和配合，整合宣传教育资源，扩大宣传教育范围，形成反腐倡廉宣传教育工作合力。

建立和完善反腐倡廉新闻发布制度，明确反腐倡廉新闻发布主体、内容、时限等，严格执行反腐倡廉新闻宣传纪律，适

时通报自治区党风廉政建设和反腐败工作情况，做好反腐倡廉对外宣传工作。同时，要不断加强反腐倡廉网络文化建设和管理，积极开展反腐倡廉网上宣传、评论和热点问题引导，形成良好的网络舆论环境。

（二）大力推进反腐倡廉制度建设

1. 健全和完善科学决策与民主决策制度

认真执行《中共内蒙古自治区委员会全委会工作规则（试行）》和《中共内蒙古自治区委员会常务委员会议事决策规则（试行）》，健全和完善各级党委全委会、常委会相关制度规定。制定贯彻《中国共产党地方委员会工作条例（试行）》和《中国共产党党组工作条例》的实施意见，建立健全党委集体领导、常委会分工负责、权责边界清楚、决策体系科学的领导体制和运行机制。

完善重大事项决策的规则和程序，坚持集体研究、民主决策制度，推行地方党委讨论决定重大问题和任用重要干部票决制。坚持公众参与、专家论证和党委（党组）政府决定相结合的决策机制，对涉及经济社会发展全局的重大事项，要广泛征询意见，充分协商和协调；对专业性、技术性较强的重大事项，要进行专家论证、技术咨询和决策评估；对与群众利益相关的重大事项，要实行社会公示制和社会听证制度，促进决策科学化、民主化。

2. 建立健全党内民主和党内监督制度

制定《中国共产党内蒙古自治区代表大会代表任期制实施

办法（试行）》，发挥党代表在闭会期间的作用；进一步健全和完善地方党委常委会向全委会负责、报告工作并接受监督的具体办法，探索建立同级党代会代表、全委会对常委会工作进行评议监督的制度。加强上级党委和纪委对下级党委及其成员的监督，健全上级党委对下级党委常委的经常性考察和定期考核机制，健全和落实上级党委、纪委派人参加民主生活会制度。

落实中央《关于在党的地方和基层组织中实行党务公开的意见》，制定自治区各级党组织党务公开办法，健全完善党内情况通报制度和党内情况反映制度，增强党组织工作透明度。改进候选人提名制度和选举方式，推广基层党组织领导班子成员由党员和群众公开推荐与上级党组织推荐相结合的办法，逐步扩大基层党组织领导班子直接选举范围，保障党员的知情权、参与权、选举权和监督权。

3. 健全反腐倡廉法规制度

严格执行《中国共产党纪律处分条例》和《行政机关公务员处分条例》及其配套制度，认真落实对党的机关、人大机关、政协机关、民主党派机关公务员以及对事业单位工作人员、国有企业人员的纪律处分规定，完善违纪行为惩处制度。

健全和完善规范行政许可、行政收费、行政处罚、行政强制等方面行为的地方性法规规章，研究制定《内蒙古纪委监察厅机关案件检查工作程序规定》和《纪检监察机关与检察机关相互移送案件工作办法》，提高反腐倡廉的法制化水平。认真落实《中国共产党领导干部廉洁从政若干规定（试行）》和《国有企业领导人员廉洁从业若干规定（试行）》。

4. 完善反腐倡廉领导体制和工作机制

2009 年，修订《内蒙古党委关于实行党风廉政建设责任制的实施办法》，完善《内蒙古自治区党风廉政建设责任制考核办法》，探索制定《内蒙古自治区党风廉政建设责任制责任追究办法》。坚持和完善《自治区党委常委落实党风廉政建设责任制向党委常委会述职制度》，研究制定《自治区主席、副主席落实党风廉政建设责任制和抓行风工作责任制向自治区政府常务会议述职制度》。制定贯彻落实中央《国有企业纪律检查工作条例》和关于实行农村基层党风廉政建设责任制的具体办法。

完善自治区反腐败组织协调工作机制。根据中央纪委《关于纪委协助党委组织协调反腐败工作规定（试行）》，制定《自治区各级纪委协助同级党委组织协调反腐败工作实施办法》，强化对惩防体系建设任务落实工作的监督检查。探索制定廉政廉情评价办法，综合运用干部考察考核、巡视工作、经济责任审计、责任制考核、民主评议、信访举报、纠风工作、执法监察、案件查处、制度建设与改革、党风廉政建设问卷调查等方面的信息和结果，建立廉情预警机制，提高反腐倡廉的前瞻性和科学性。

（三）不断强化对权力运行的制约和监督

1. 加强对领导机关、领导干部特别是各级领导班子主要负责人的监督

加强对遵守党的政治纪律情况的监督。维护党的章程和其他党内法规，维护中央权威和党的统一，始终同以胡锦涛同志为总书记的党中央保持高度一致，确保党的路线方针政策贯彻执行，确保党的十七大和自治区第八次党代会精神的全面贯彻落实。

加强对科学发展观贯彻落实情况的监督。围绕中央和自治区有关加强和改善宏观调控、转变经济发展方式、增强自主创新能力、提高发展质量和效益、加强节能减排和生态环境保护、节约集约利用土地、合理开发利用自然资源、保障和改善民生等重大决策部署情况进行监督检查，切实防止和纠正违背科学发展观的行为，实现经济社会健康、协调、可持续发展。

加强对执行民主集中制情况的监督。认真执行党委全委会和党委常委会议事规则、决策程序等制度。每年围绕涉及全局性问题、重要干部推荐任免和奖惩等，对党委全委会和常委会执行民主集中制情况开展一次监督检查，确保民主集中制各项具体制度的贯彻落实。

加强对落实领导干部廉洁自律规定情况的监督。采取专项治理的办法，重点治理领导干部违反规定收受礼金、有价证券、支付凭证和收受干股，违反规定插手市场交易活动，以及以赌博和交易等形式接受财物，利用婚丧嫁娶、子女升学、参军、贺寿等事宜收钱敛财等问题。认真清理纠正领导干部在住房上以权谋私、在证券投资上违规违纪、在配偶和子女个人从业上违反规定等问题。严格查处领导干部违规插手招投标、土地出让、产权交易、政府采购等市场交易活动谋取私利的行为。

加强对落实党风廉政建设责任制和惩防体系建设工作的监督检查。围绕责任分解、责任考核和责任追究等环节，完善贯彻落实党风廉政建设责任制的途径和措施，探索推进惩防体系建设的方法和路径，坚持惩防体系建设年初分解任务、年中专项督察、年底考核评价，确保各项任务的落实。

2. 加强对重要领域和关键环节权力行使的监督

加强对干部人事权行使的监督。认真落实《党政领导干部选拔任用工作条例》、《党政领导干部选拔任用工作监督检查办法（试行)》和《关于深入整治用人上不正之风，进一步提高用人公信度的意见》。建立健全纪委与组织部门有关情况通报制度，坚持和完善干部选拔任用前征求同级纪委、检察院意见的制度，发挥干部监督工作联席会议作用。积极探索加强对干部选拔任用工作全过程监督的有效措施和办法，科学规范和有效监督党委（党组）主要负责人在干部选拔任用过程中的提名和推荐等行为，增强干部工作的透明度和公开性。同时进一步规范公务员和事业单位职员考试录用以及专业技术职称评定和军转安置等工作，完善监督体系，防止和纠正不正之风。

加强对司法权行使的监督。加强和改进党对执法工作的领导，建立健全纪委和党委政法委、组织部等部门在对司法机关党组织和党员干部监督工作中的协作配合机制。加强和改进人大对司法机关的监督，加强检察机关的法律监督。完善公安、检察、审判机关在刑事诉讼中的分工负责、互相配合和相互制约机制。完善公检法机关联系制度，完善监督和规范司法人员严格依法办案的制度。积极发挥人民陪审员、人民监督员和特邀监督员的作用。

加强对行政审批权和行政执法权行使的监督。认真贯彻《中华人民共和国行政许可法》、《中华人民共和国行政处罚法》等法律法规，规范行政许可行为，科学设置许可流程，实行接办分离和程序公开，推行行政审批电子监察系统。建立执法责任体系，纠正和查处违反行政许可法、行政处罚法的行为，保证行政权力依法、公正、透明运行。

加强对财政资金和金融的监管。建立和完善财政支出追踪问效、内部权力制衡、财政资金运行的监督机制和监督体系，实现对财政资金运行全过程的有效监督。开展对部门预算、国库集中收付、政府采购、政府非税收入和"收支两条线"规定执行情况的监督检查，围绕公共服务、公益性建设和涉及"三农三牧"等重点领域的资金项目开展专项治理，彻底清理和杜绝"小金库"，严肃查处违规违纪行为。健全国有金融企业内控机制，加强对金融运行关键环节的监督，有效防止金融领域违纪违法案件的发生，保证金融安全。

加强对国有资产的监管。充分发挥国有资产监督管理机构、政府职能部门和外派监事会的作用，加强对企业国有产权和上市公司国有股权交易的监管。开展对国有企业重大决策、重大项目安排、大额资金运作事项及重要人事任免等实行集体决策情况的监督检查。加大对企业重组、改制、破产、资产评估、产权变更和国有资本运营各个环节的监管力度。加强对林权改革、粮食流通体制改革工作的监督。

加强对矿产资源开发和土地征收征用的监管。严格执行国家各项法律法规和自治区有关规定，进一步加大行政执法力度，严厉查处违规审批探矿权、采矿权和违规征收征用土地行为及其背后的腐败问题。加强对生态建设与环境保护的监管，全面贯彻国家和自治区各项政策措施，坚决整治破坏生态、污染环境的行为。加强对重点领域和行业节能减排情况的监管，认真落实自治区节能减排计划，实现经济和社会的可持续发展。自治区及各盟市和有关部门要继续采取集中整治、专项治理等措施，进一步加强对上述重点领域的监督管理，维护国家和全社会的长远利益。

3. 充分发挥各监督主体的作用

加强和改进党内监督。严格执行党章、《中国共产党党内监督条例（试行）》和《中国共产党党员权利保障条例》。坚持领导班子成员参加双重生活会制度，切实改进民主生活会的方式方法，加强领导班子成员之间的相互监督，接受党员群众的监督。认真执行党员领导干部报告个人有关事项的规定，实施地方党委委员、纪委委员党内询问和质询办法，落实领导干部述职述廉、诫勉谈话制度，实行党务公开制度。认真贯彻《中国共产党巡视工作条例》，进一步加强和改进巡视工作，重点强化对盟市、旗县（市、区）的全面巡视，积极搞好对重点委、办、厅、局和大型国有企业、高等院校的巡视工作，并把惩防体系建设情况纳入巡视内容；建立健全巡视成果运用制度，完善巡视成果转化机制，不断增强巡视工作实效。加强纪检监察派驻机构管理，建立健全相关配套制度和措施，完善对派驻机构工作的量化考评办法，强化责任意识，发挥派驻（出）机构职能作用，切实加强对驻在部门领导班子及其成员的监督。

支持和保证人大监督、政府专门机关监督、政协民主监督、司法监督和群众监督，加强和改进舆论监督。认真贯彻落实《中华人民共和国各级人民代表大会常务委员会监督法》，支持各级人大对"一府两院"执行法律法规和行使职权活动的监督，认真办理人大代表的议案和建议。加强政府法制监督，强化行政复议工作，健全行政执法责任制、评议考核制和过错责任追究制；充分发挥行政监察职能作用，积极开展廉政监察、执法监察和效能监察，坚持和完善政务公开、厂务公开和村务公开；强化审计监督，进一步落实对地厅级以下主要领导干部经济责任审计制度，加强对社会保障、惠民政策、资源利用、环境保护等重点专项资金和重大投资项目的审计，依法公布审计结果，促进审计结果的落实。把政治协商纳入决策程序，支持政协运用会议、专题研究、委员视察、提案等形式，对国家宪法和法律法规的实施、重大方针政策的贯彻执行、国家机关工作人员履行职责和廉政情况开展监督，认真办理政协委员的提案和建议。支持和保证司法机关依法独立行使审判权、检察权，支持审判机关依法受理、审理和执行行政诉讼案件，监督和维护行政机关依法行政，支持检察机关依法查办和预防职务犯罪。加强群众信访工作，落实领导干部接待群众来访制度，畅通信访渠道，及时处理信访问题。发挥工会、共青团、妇联等人民团体的监督作用。认真贯彻落实中央有关加强

和改进舆论监督工作的意见，重视和支持新闻舆论监督，倾听群众的意见和呼声，推动和改进工作。

完善监督制约机制。建立健全决策权、执行权、监督权既相互制约又相互协调的权力结构，形成结构合理、配置科学、程序严密、制约有效的权力运行机制，健全和完善强化监督的各项制度规定，切实把防治腐败的要求落实到权力结构、运行机制和制度建设等各个环节，最大限度地减少权力"寻租"机会。坚持党内与党外监督相结合，健全完善各监督主体之间的协调配合机制和工作通报制度，共同解决重点难点问题，切实增强监督合力与实效。

（四）推进防治腐败的体制机制改革和制度创新

1. 深化干部人事制度改革

完善干部选拔任用制度。坚持民主、公开、竞争、择优原则，建立健全干部选拔任用和监督工作机制。规范干部任用提名制度，推行地方党委讨论任用重要干部无记名投票表决办法，逐步推广差额推荐、差额考察、差额表决等做法。实行干部选拔任用个人有关事项报告制度，完善公开选拔、竞争上岗、差额选举等办法，增强民主推荐、民主测评的科学性和真实性。逐步建立和完善干部选拔任用责任追究制度，解决选人用人中的不正之风。

完善干部考核评价体系。着眼于服务和促进科学发展，进一步完善考核内容，健全考核方式，实行平时考核和定期考核相结合，扩大考核民主，强化群众的参与和监督，充分发挥考核结果在干部任用和监督管理中的作用。将廉政情况作为考核的一项基本评价指标，健全考核结果反馈和向同级纪委通报制度。

完善干部管理制度。健全领导干部职务任期、回避、交流制度，探索建立县级以上领导干部离任交接制度，加大对县级以上地方党政领导班子、行政执法机关、司法机关和管理人财物部门的主要负责人定期交流的力度。完善公务员考试录用、考核奖惩制度，建立健全公务员正常退出机制。推行和完善事业单位人员聘用制度。

严明用人纪律。坚持和完善严重违规用人问题立项督察制度，重点对反映的跑官要官、买官卖官、封官许愿、拉票贿选、突击提拔干部等问题进行立项督察，加大对违规违纪问题的查处力度。加强对违规违纪用人典型案例的综合分析，深入研究问题发生的原因、特点和规律，总结经验教训，完善有关制度和机制，切实提高选人用人的公信度。

2. 深化司法体制改革

优化司法职权配置。根据国家司法体制改革要求，完善司法机关的机构设置、职权配置和管理制度，完善检察机关对诉讼活动实行法律监督的程序、措施和范围，形成责权明确、相互配合、相互制约、高效运行的司法体制，保障审判机关和检察机关依法独立公正地行使审判权和检察权。

改革司法管理制度和司法财政保障机制。积极推进审判公开、检务公开和警务公开。完善诉讼程序和民事、行政再审制度，完善减刑、假释、保外就医、暂予监外执行、服刑

地变更的条件和裁定程序，完善审判委员会制度和执行工作机制。制定《内蒙古自治区预防职务犯罪工作条例》，健全对职务犯罪案件的督办机制。健全司法人员执法过错、违纪违法责任追究和领导干部失职责任追究等制度，健全涉法涉诉信访工作机制。改革司法鉴定体制，完善律师管理体制、公证制度和监狱工作体制，完善公安法规规范体系。完善法律统一适用制度，规范司法人员自由裁量权行使，保证严格、公正、文明执法。

加强和改进查办案件工作，实行重点案件挂牌督办和对重点地区加强指导的工作制度，实行督办、交办案件通报报告制度，提高办案的效率和质量。以查处以权谋私、贪赃枉法、索贿受贿、徇私舞弊等司法腐败案件和有案不接、出警迟缓、推诿塞责、造成严重后果等玩忽职守案件为重点，严肃查处司法干警违法违纪行为，坚决铲除黑恶势力的"保护伞"。强化司法机关内外部监督，坚决防止和纠正执法不严、司法不公等问题，维护社会公平正义。

3. 推进行政管理和社会体制改革

按照建设服务政府、责任政府、法治政府和廉洁政府的要求，深化行政管理体制改革，制定落实中央《关于深化行政管理体制改革的意见》的具体办法，大力推进政企分开、政资分开、政事分开、政府与市场中介组织分开。完善行政管理决策机制，严格规范行政决策程序，健全重大决策事项的听证、公示、专家咨询和评估制度。强化行政执法责任制，继续推进相对集中处罚权和综合行政执法试点工作。建立以行政首长为重点对象的行政问责制度，健全和完善行政执法监督工作机制。

深化行政审批制度改革。继续精简和规范行政审批事项，削减行政审批项目；清理和规范非行政许可审批项目，缩短审批时限。建立重大项目审批会审制度，健全行政审批项目动态管理机制，严格备案、核准的范围和程序，加强后续监管。加强行政服务中心建设，强化对盟市旗县政务中心的业务指导、监督和管理，完善盟市及各部门政务服务大厅的审批职能，大幅提高行政审批项目入厅率和厅内办结率。

深化社会管理体制改革。坚持以人为本，着力改善民生，扩大公共服务，完善社会管理。积极推进以完善义务教育经费保障机制为重点的教育体制改革，促进教育资源的合理配置，保证教育的基础性、社会性和公平性。深入推进医疗卫生体制改革，加快城乡医疗卫生服务体系和医疗保障制度建设，努力实现人人享有基本医疗服务。加强住房改革和建设，大力发展经济适用住房和廉租房，解决城乡困难群众的住房问题。健全社会保障体系，扩大社会保障覆盖面，逐步提高社会保障水平，促进社会和谐稳定。

4. 完善财税、金融管理体制改革

深化预算管理体制改革。建立公共支出标准体系，健全部门预算管理体系；完善预算资金分配的决策机制，规范财政转移支付制度；逐步向社会公开预算内容和转移支付情况，促进基本公共服务均等化，接受社会监督。全面推进国库集中收付制度改革，2010 年旗县级全部实行国库集中收付；完善国库

单一账户体系，2011年所有财政性资金都在国库单一账户体系内运行；提高支出透明度并强化监管，2010年在全区实行公务卡制度。深化"收支两条线"管理制度改革，2010年基本实现政府非税收入纳入预算管理，并将国有土地使用权出让收入纳入基金预算管理。

深化机关事业单位工资收入分配制度改革，继续清理规范津贴补贴；严格领导干部职务消费管理，积极推进党政机关领导干部及国有企事业单位领导人员职务消费的规范化和货币化；建立健全行政事业单位国有资产监管制度，严格执行资产配置管理办法和配置标准。

加强税收管理，严格执行各项税收政策，进一步整顿税收秩序。规范各项税收优惠政策，明确减免税申报、审批程序，完善社会监督机制。强化纳税服务，全面推行办税公开，健全税收管理员制度。加强和改进金融运行监管。强化对驻区金融机构的股权交易、上市公司股权激励和信息披露、各类金融市场交易操作行为的监管，健全和完善反洗钱协调机制，逐步将特定非金融机构纳入统一的反洗钱监管体系，加大对大额资金和可疑交易资金的监测。加强对地方金融机构的监管，深化农村牧区金融体制改革，理顺农村牧区合作金融机构管理体制，稳步推进新型农村牧区金融机构改革试点工作。

5. 推进投资体制和国有企业改革

根据国家《企业投资项目核准和备案管理条例》，规范企业投资核准制、备案制。从2008年开始，对于企业不使用政府投资建设的项目，一律不再实行审批制，区别不同情况实行核准制或备案制，同时逐步建立健全政府投资决策机制，推广完善政府重大项目专家评审和论证制度，研究制定政府投资项目公示和责任追究制度。

加强投资领域法规制度建设。2008～2009 年制定《内蒙古自治区企业投资项目核准办法》、《内蒙古自治区企业投资项目备案办法》、《内蒙古自治区政府投资项目审批办法》、《政府投资重大项目专家评议和论证办法》。2010 年研究制定《内蒙古自治区政府投资项目责任制和责任追究制》、《内蒙古自治区政府投资项目后评价办法》，以及非经营性政府投资项目代建制管理办法。

深化国有资产监管体制改革。建立健全国有资产监管体系，完善国有金融资产、经营性资产、行政事业性资产和自然资源资产监管制度，健全国有资本经营预算、企业经营业绩考核、国有产权转让和企业重大决策失误追究等制度。健全国有企业经营管理者薪酬制度和国有企业管理层投资持股制度，规范收入分配秩序。

深化国有企业公司制股份制改革。认真贯彻《关于完善自治区出资企业法人治理结构，推进现代企业制度建设的意见》，健全现代企业制度，完善企业法人治理结构和激励约束机制，形成决策、监督和经营管理之间的制衡机制。规范国有企业党委会、董事会、经理层、监事会议事规则，充分发挥国有企业职代会的作用。加强大型国有企业董事会建设，未设立董事会的企业逐步实行党委（党组）书记和总经理分设。严格执行国有企业领导人员任中和离任审计。

6. 加快现代市场体系建设及相关改革

完善工程建设项目招标投标制度。依照《中华人民共和国招标投标法》，2009 年修订完善《自治区招标投标法实施办法》等配套制度。建立统一的建设工程招投标交易规则，严格实行招标公告发布、投标、评标定标以及评标专家管理制度和惩戒办法。健全工程招标投标行政监督机制，招投标主管部门加强对项目行政主管部门执行招投标法情况的监督检查；项目行政主管部门加强对建设项目招投标事前、事中、事后的全程监督。完善市场监控体系，推进全区统一的招投标信息发布网络平台和综合性评标专家库建设，加快招投标过程的网络化、电子化，实现招投标信息资源和市场监管职能部门之间的信息共享。

规范土地征收和使用权出让制度。积极推进征地制度改革，完善征地补偿标准，规范征地程序，全面推行征地统一年产值标准和区片综合地价，严格土地利用总体规划和年度计划管理。全面和严格执行国有土地使用权招标、拍卖和挂牌出让制度，进一步缩小土地划拨和协议出让范围；健全和完善土地交易有形市场、土地交易公示制度和土地市场动态监测制度，强化对建设用地的管理。

深化探矿权、采矿权有偿使用制度改革和矿业权市场建设，严格执行国家和自治区制定的有偿使用办法，除煤炭按国家有偿使用制度改革试点工作的要求执行外，其他矿种全部以招标拍卖挂牌方式出让。积极推进已设置矿业权有偿使用改革，尽快实现全区矿业权全面有偿使用。

推进产权交易市场建设。健全完善国有产权交易监管法规体系，修订《内蒙古自治区企业国有资产产权交易管理办法》，制定企业国有产权转让进场交易强制规定，实行企业国有产权进场交易，健全和完善进场后的竞价机制。加强产权交易机构建设，完善企业国有产权和上市公司国有股权交易监管措施，重点建设和推广使用信息监测系统，对交易全过程实施全程跟踪和动态监管。加强产权交易行业自律组织建设，制定自治区国有企业产权转让非法交易惩处办法，规范产权交易行为。

深化政府采购制度改革。健全政府采购的法规制度，完善政府采购预算编制和执行管理，进一步扩大政府采购范围和规模，积极推动公共工程和公共服务实行政府采购。严格实行"管采分离"，强化政府采购监管措施。健全供应商库、专家库、监督员库、商品信息（价格）库，加快推行统一的电子化政府采购系统。

强化行业协会和中介机构管理。健全完善全区行业协会和中介机构健康发展的政策措施和管理制度，防止其在经济活动和社会服务中的违规违法行为。以规范会计师事务所、律师事务所和资产评估事务所的从业行为为重点，强化对中介机构的日常管理，规范中介机构执业行为，不断完善社会组织自律机制。

健全社会信用体系。建立社会信用体系政府工作目标责任制，按照《自治区信用系统信息管理办法》的要求，加快建立健全政府、企业、个人相关信息征集披露管理及诚信机构监督管理办法。建立全区联合征信交换平台和全区信用信息基础

数据库,将各级政府部门、企事业单位和个人信用数据资料进行归集、分析、整合,实现区域内全社会信用信息互联与共享。建立失信惩戒制度和守信奖励制度。

(五)进一步加强作风建设

1. 改进领导干部和党政机关作风

以密切党同人民群众的血肉联系为核心,进一步加强领导干部思想作风、学风、工作作风、领导作风和生活作风建设,认真贯彻"两个务必"和"八个坚持、八个反对"的要求,发扬艰苦奋斗精神,大兴求真务实之风,讲党性、重品行、作表率,为民、务实、清廉。有针对性地扎实开展各种主题实践活动,切实解决领导干部在作风建设方面存在的突出问题,努力培养与党的优良传统相承接、与改革创新的时代精神相符合的良好作风。

加强党政机关作风建设,不断改进服务质量,提高机关工作效率,精简会议、文件,规范行政行为。坚决制止奢侈浪费现象,严格控制党政机关办公楼等楼堂馆所建设,认真执行办公用房建设标准和装修、设备配备标准。规范公务接待,加强公务用车管理,严格禁止公款出国(境)旅游。严格控制各种庆典活动,取消各种不必要的检查,禁止形式主义的评比达标表彰活动,严禁滥用公共财政资金、利用行政权力拉赞助搞摊派行为,纠正举办节庆活动过多过滥等问题。

2. 加强农村牧区基层干部作风建设

进一步强化农村牧区基层干部立党为公、执政为民的思想意识，发扬密切联系群众的作风，诚心诚意为群众办好事、办实事，积极开展思想政治工作，不断提高群众工作的水平。

围绕社会主义新农村新牧区建设，认真贯彻落实中央和自治区党委关于加强农村牧区基层党风廉政建设的意见，坚持苏木乡镇、基层站所、嘎查村级组织三位一体，整体推进农村牧区党风廉政建设，研究制定党风廉政建设责任制向村级延伸的具体规定和责任追究的具体办法。研究制定农村牧区基层党员和干部廉洁自律规定，强化监督与纪律约束，认真治理少数基层干部参与赌博、拉票贿选、徇私舞弊以及侵占集体经济组织土地补偿费和农民安置补偿费等问题。

积极推进农村牧区基层民主建设，健全民主管理制度，完善以村民会议、村民代表会议为主要形式的村级民主决策制度，规范村民委员会、村民会议（村民代表会议）议事规则等，推行民主协商、民主恳谈、民主听证等民主议事方式，推行村干部述职述廉、村民质询和民主评议制度，形成"以制度治村，按程序办事"的村级民主管理模式。

3. 纠正损害群众利益的不正之风

深入开展专项治理。自治区及各地区各部门每年要针对群众反映的突出问题，集中开展专项整治活动。2008 年，重点加强对宏观调控政策执行情况的监督检查，严肃查处价格违法行为；加强对生态环境保护措施落实情况的监督检查，严肃查处损害群众环境权益的行为；加强对各项惠农政策贯彻执行情况的监督检查，严肃查处损害农牧民利益的问题；加强对食品药品安全的监督检查，严肃查处重大质量安全事件。2009 年，

重点加强对征地拆迁工作的监督检查，严肃查处各种违纪违规行为；加强对义务教育阶段各种费用补贴政策落实情况的监督检查，开展对"高考移民"和高考中违规更改"民族成分"问题的专项整治；在全区集中开展社保基金的专项治理，保证社保资金的安全运营；加强对安全生产法律法规执行情况的监督检查，加大责任事故调查处理力度，坚决查处事故背后的失职渎职行为和腐败问题。

加大纠风工作力度。在搞好专项治理的同时，各地区各部门要结合实际，每年有针对性地确定其他纠风工作内容。继续强化对社保基金、住房公积金和救灾扶贫专项资金的监管，确保有关资金运行安全，使用合理。认真治理公共服务行业利用特殊地位，搞价格欺诈和乱收费等侵害消费者权益等问题。加强对社会中介组织、行业协会的监管，完善社会组织自律机制和管理措施。建立健全医疗卫生机构绩效评价制度和医务人员医德评价制度，促进医德医风建设。查处侵害进城务工人员利益的行为，完善农牧民工工资支付保障金制度，清理和取消针对农牧民工进城就业的歧视性规定和不合理限制。

健全防治不正之风的长效机制。落实行风建设责任制，坚持"谁主管、谁负责"和"管行业必须管行风"的原则，不断完善民主评议政风行风制度，改进评议方法，发挥特邀监察员作用，建立评议结果向社会公开等成果运用机制。继续开展民主评议重点部门、重点系统活动，积极推动评议活动向基层延伸，将基层站所、窗口单位、医院、学校等纳入对参评部门、系统的评议，切实解决群众身边的不正之风。进一步办好

"行风热线"、"阳光网站"和各种便民服务热线，畅通群众投诉渠道，倾听群众呼声，促进有关部门、单位及时解决群众的合理诉求，推动政风行风建设。

（六）保持惩治腐败的高压态势

1. 坚决查处违纪违法案件

以查处发生在领导机关和领导干部中滥用职权、贪污贿赂、腐化堕落、失职渎职的案件为重点，着力查办官商勾结、权钱交易和严重侵害群众利益的案件，利用干部人事权、司法权、行政执法权、行政审批权索贿受贿、徇私舞弊的案件。严肃查处违反政治纪律的案件。严肃查处规避招标、虚假招标及违法转包分包的案件，非法批地、低价出让土地、违规审批房地产开发项目或擅自变更规划获取利益的案件，违法审批探矿权和采矿权、违法入股矿产开发的案件，金融领域违规授信、内幕交易、挪用保险资金、违规发放核销贷款和资产处置的案件，隐匿、侵占、转移国有资产的案件。严肃查处为黄、赌、毒和黑恶势力充当"保护伞"的案件。各级执纪执法机关要加大查办案件和自办案件工作力度，主要领导要亲自抓案件检查工作，直接指挥和参与查办有影响的重大案件，依法严惩腐败分子。

2. 深入开展治理商业贿赂工作

继续推进自查自纠和专项治理，坚决纠正不正当交易行为，规范交易活动。综合运用司法、行政、纪律等手段，重点查处工程建设、土地出让、产权交易、医药购销、政府采购、资源开发和经销等领域的商业贿赂案件。利用经济处罚、降低资质

或吊销证照等多种手段，严厉惩治商业贿赂行为。2008年制定《内蒙古自治区推进市场诚信体系建设实施方案》，加快建立市场诚信记录信息库，建立和完善商业贿赂犯罪档案查询系统和不良行为"黑名单"制度，并逐步实现跨地区、跨部门的诚信记录联网。按照中央《关于建立健全防治商业贿赂长效机制的意见》，完善市场竞争行为和惩治商业贿赂的制度规范，完善市场准入和退出机制，促进防治商业贿赂长效机制的形成。

3. 提高执纪执法和办案工作水平

坚持依纪依法办案。坚持严肃执纪、公正执法、文明办案，严格履行办案程序，按照规定权限正确使用办案措施，做到事实清楚、证据确凿、定性准确、处理恰当、手续完备、程序合法，形成比较完善的办案程序规范体系。司法机关依法履行批捕、起诉、审判职责，惩治各类职务犯罪和商业贿赂犯罪。强化出入境管理和经济侦查等相关工作。鼓励和支持实名举报，健全举报人和证人保护制度。对诬告陷害的，要严肃查处。加强对办案工作全过程的监督管理，保障被处分党员和行政监察对象的申诉权利，保障涉案人员的合法权益，为受到错告、诬告的同志澄清是非。

改进办案方式和手段。建立健全案件监督管理机构，制定案件管理监督工作实施办法，坚持重要案件线索统一管理和集体排查制度。完善案件主办人、交叉办案、联合办案等制度。加强对新形势下办案工作特点和规律的研究，严格区分违纪与违法界限，正确把握政策和策略，综合运用法律、纪律、行政和经济处罚、组织处理等方式和手段，增加科技含量，提高办案能力和水平。

4. 完善查办案件协调机制

发挥各级党委反腐败协调小组的作用，落实纪委书记担任同级党委反腐败协调小组组长的规定，加强对重大案件的协调、指导和督办。加强纪检、审判、检察、公安、监察、审计等执纪执法机关的协作配合，加大案件调查、移交移送、起诉、审判和相关政策法律适用等事项的协调力度，完善跨区域协作办案及防逃、追逃、追赃机制，形成惩治腐败的整体合力。

5. 发挥查处案件的综合效应

深入研究违纪违法案件的特点和规律，及时制定防治对策和措施，对典型案件实行案件调查报告、案例剖析报告和工作总结报告的"一案三报告"制度，针对案件中暴露出的问题，认真查找体制机制制度方面存在的薄弱环节，提出建章立制、堵塞漏洞、改进工作的意见和建议，研究从源头上防治腐败的措施。通过查办案件，以查促教，发挥警示教育作用；以查促管，强化监督管理工作；以查促建，不断完善制度建设，实现查处案件的政治效果、社会效果、法纪效果的统一。

三 贯彻落实《工作规划》的重点措施

（一）坚持"三位一体"的惩防体系建设工作布局

按照分类指导的原则，分别推进党政机关、国有企事业单位和农村牧区基层组织惩防体系建设。各级党政机关特别是涉

及行政审批、资源开发、土地出让、工程建设、资金管理等部门，要制订出有针对性的包括行业、部门和单位自身的防范和监管措施，做到纵向监管措施到底。

国有企业要围绕投资决策、资本运营、产权交易、销售采购、改制重组及企业领导薪酬和职务消费等企业经营管理的关键环节，制定和完善相关制度，加强监督管理。国有事业单位包括高等院校、公用事业单位要根据社会职能定位，建立健全公益目标明确、监管制度健全、治理结构合理、权力运行规范的管理体制和运行机制。

农村牧区基层组织要围绕社会主义新农村新牧区建设，以保证党的农村政策落实、维护农牧民群众利益、改进基层干部作风和推进农村牧区基层民主建设为重点，构建惩治和预防腐败体系，促进农村牧区经济和社会发展。

（二）坚持"三建联动"的惩防体系构建方式

自治区惩防体系建设，以整体构建、行业构建和联合构建为主要方式。整体构建以地方为主体，惩防体系既要涵盖反腐倡廉各个领域和环节，又要注重把握体制、机制、制度之间的相互关系，体现惩防体系的完整性和全局性。

行业构建以部门为主体，紧密结合系统和行业的工作特点，针对容易滋生腐败的重点环节和岗位，深化改革、健全制度、完善管理，推进和深化源头治理工作，形成行业惩治和预防腐败体系，拓展全区反腐倡廉建设工作的深度和广度。

联合构建以纪检监察机关等为主体，发挥其组织协调作用，整合各职能部门的优势，综合运用法律、纪律、行政和经济等手段和措施，形成针对重点工作、专项工作的惩防体系，集中力量解决跨地区跨部门的热点、难点问题。

（三）坚持"三管齐下"的惩防体系建设方针

坚持教育、制度、监督并重，"三管齐下"。从提高党的拒腐防变能力入手，选准惩防体系建设的着眼点；从加强对领导干部、权力运行、重点领域和关键环节的监督制约入手，选准惩防体系建设的着力点；从改革和制度建设入手，选准惩防体系建设的切入点；从解决损害群众利益的问题入手，选准惩防体系建设的落脚点。把改革的推动力、教育的说服力、制度的约束力、监督的制衡力、纠风的矫治力、惩治的威慑力结合起来，增强惩防体系建设的综合效能。

（四）坚持集中推进的惩防体系建设工作步骤

根据自治区惩防体系建设未来五年的总体工作部署，将2008年定为"全区惩防体系建设宣传教育年"。集中就各级领导干部廉洁从政有关制度规定等进行学习宣传。同时深入宣传贯彻中央《工作规划》和自治区《实施办法》，进一步营造反腐倡廉的良好社会氛围。

2009～2010年为"全区惩防体系制度建设与相关改革推进年"。各地区、各部门对现有反腐倡廉制度进行全面整理，对不适应形势的予以废止，不完善的进行修订完善，缺失的要及时建立，逐步健全相关制度体系。同时围绕权力制约、资金

监控和从政行为规范，集中推进干部人事、行政管理、财政体制、投资体制等方面的改革。

2011 年为"全区惩防体系建设强化监督年"。重点完善各项监督体制机制，充分发挥各监督主体的作用，加强对领导机关和领导干部、重要领域和关键环节的监督，努力形成惩治和预防腐败完整的监控链条。

四 贯彻落实《工作规划》的组织领导

（一）切实加强领导

各级党委（党组）是反腐倡廉建设的责任主体，担负着全面领导惩治和预防腐败体系建设的政治责任。要严格执行党风廉政建设责任制，将惩防体系建设列入党风廉政建设责任制的职责范围和责任内容，并进行责任考核和责任追究。

要坚持党委统一领导，党政齐抓共管。各级党委、政府及其职能部门，人大、政协党组，审判、检察机关和人民团体领导班子，要把惩防体系建设作为一项政治任务，列入重要议事日程，同其他业务工作一起部署、落实和检查。

要建立健全以党委（党组）主要负责人为组长的惩治和预防腐败体系建设工作领导小组，坚持党委（党组）会定期听取惩防体系建设工作汇报制度，研究解决工作中的重要问题。

要建立健全落实本实施办法的专门工作机构，配备专职工作人员，提供必要的经费保障，具体承担惩防体系建设工作的协调落实、监督检查、经验总结和业务指导工作。

（二）明确工作职责

要按照党风廉政建设责任制的要求，党委（党组）书记负总责，领导班子其他成员根据分工抓好职责范围内的工作，实行党政齐抓共管。

各级纪委要充分履行党章赋予的职责，把推进惩防体系建设作为首要任务，积极协助党委抓好本实施办法各项任务的分解和落实，制订工作方案，健全工作机构，组织有关部门抓好工作落实。

自治区各部门和责任单位，要发挥示范带头作用，既要搞好本部门、本行业和本单位自身的反腐倡廉建设，又要切实落实好在自治区惩防体系建设中所承担的重点任务。

各级惩防体系建设工作领导小组办公室要主动发挥综合规划、组织协调、监督检查和业务指导作用，按照领导小组的具体工作部署，协助和指导各部门、各单位做好惩防体系建设工作。

（三）完善工作机制

在严格执行党风廉政建设责任制的同时，健全和完善督察机制，采取地方和部门自查、定期检查、随机抽查和年终考核相结合的办法，全面督察有关工作的落实情况，确保惩防体系建设有部署、有检查、有结果。

健全和完善评估机制，探索制定科学合理的测评办法，对各项工作的进展情况和实际效果进行科学分析和评估，作为衡量惩防体系建设工作的客观依据。

健全和完善责任追究机制，把贯彻落实《实施办法》情况列入党风廉政建设责任制和各级领导班子和领导干部考核评价范围，作为工作实绩评定和干部奖惩的重要内容，严格责任考核，实行责任追究。

（四）强化督察落实

各地区各部门要按照《实施办法》，结合本地区本部门实际，制定贯彻落实本办法的工作方案或细则，提出具体工作标准、落实措施和完成时限要求，逐项落实到部门、单位和责任人。每年都要制定年度具体工作要点，抓住惩防体系建设中的重点难点问题，集中力量取得突破。同时要加强调查研究，定期分析落实工作中的新情况新问题，查找不足，认真整改，总结经验，及时推广。

各地区和自治区惩防体系建设联席会议各成员单位、惩防体系建设各牵头单位，每年要对本地区、本部门此项工作进行专项检查考核，并向自治区党委提交工作报告。各级纪委要会同有关部门进行分类指导，加强协调督查，确保《实施办法》确定的各项任务落到实处。

中国皮书网

www.pishu.cn

发布皮书研创资讯，传播皮书精彩内容
引领皮书出版潮流，打造皮书服务平台

栏目设置：

- ☐ 资讯：皮书动态、皮书观点、皮书数据、皮书报道、皮书新书发布会、电子期刊
- ☐ 标准：皮书评价、皮书研究、皮书规范、皮书专家、编撰团队
- ☐ 服务：最新皮书、皮书书目、重点推荐、在线购书
- ☐ 链接：皮书数据库、皮书博客、皮书微博、出版社首页、在线书城
- ☐ 搜索：资讯、图书、研究动态
- ☐ 互动：皮书论坛

中国皮书网依托皮书系列"权威、前沿、原创"的优质内容资源，通过文字、图片、音频、视频等多种元素，在皮书研创者、使用者之间搭建了一个成果展示、资源共享的互动平台。

自2005年12月正式上线以来，中国皮书网的IP访问量、PV浏览量与日俱增，受到海内外研究者、公务人员、商务人士以及专业读者的广泛关注。

2008年、2011年中国皮书网均在全国新闻出版业网站荣誉评选中获得"最具商业价值网站"称号。

2012年，中国皮书网在全国新闻出版业网站系列荣誉评选中获得"出版业网站百强"称号。

权威报告 热点资讯 海量资源

当代中国与世界发展的高端智库平台

皮书数据库 www.pishu.com.cn

皮书数据库是专业的人文社会科学综合学术资源总库,以大型连续性图书——皮书系列为基础,整合国内外相关资讯构建而成。该数据库包含七大子库,涵盖两百多个主题,囊括了近十几年间中国与世界经济社会发展报告,覆盖经济、社会、政治、文化、教育、国际问题等多个领域。

皮书数据库以篇章为基本单位,方便用户对皮书内容的阅读需求。用户可进行全文检索,也可对文献题目、内容提要、作者名称、作者单位、关键字等基本信息进行检索,还可对检索到的篇章再作二次筛选,进行在线阅读或下载阅读。智能多维度导航,可使用户根据自己熟知的分类标准进行分类导航筛选,使查找和检索更高效、便捷。

权威的研究报告、独特的调研数据、前沿的热点资讯,皮书数据库已发展成为国内最具影响力的关于中国与世界现实问题研究的成果库和资讯库。

皮书俱乐部会员服务指南

1. 谁能成为皮书俱乐部成员?

- 皮书作者自动成为俱乐部会员
- 购买了皮书产品(纸质皮书、电子书)的个人用户

2. 会员可以享受的增值服务

- 加入皮书俱乐部,免费获赠该纸质图书的电子书
- 免费获赠皮书数据库100元充值卡
- 免费定期获赠皮书电子期刊
- 优先参与各类皮书学术活动
- 优先享受皮书产品的最新优惠

3. 如何享受增值服务?

(1)加入皮书俱乐部,获赠该书的电子书

第1步 登录我社官网(www.ssap.com.cn),注册账号;

第2步 登录并进入"会员中心"—"皮书俱乐部",提交加入皮书俱乐部申请;

第3步 审核通过后,自动进入俱乐部服务环节,填写相关购书信息即可自动兑换相应电子书。

(2)免费获赠皮书数据库100元充值卡

100元充值卡只能在皮书数据库中充值和使用

第1步 刮开附赠充值的涂层(左下);

第2步 登录皮书数据库网站(www.pishu.com.cn),注册账号;

第3步 登录并进入"会员中心"—"在线充值"—"充值卡充值",充值成功后即可使用。

4. 声明

解释权归社会科学文献出版社所有

社会科学文献出版社 SOCIAL SCIENCES ACADEMIC PRESS (CHINA) 皮书系列

卡号:1795695802183368
密码:

皮书俱乐部会员可享受社会科学文献出版社其他相关免费增值服务,有任何疑问,均可与我们联系

联系电话:010-59367227 企业QQ:800045692 邮箱:pishuclub@ssap.cn

欢迎登录社会科学文献出版社官网(www.ssap.com.cn)和中国皮书网(www.pishu.cn)了解更多信息

"皮书"起源于十七、十八世纪的英国，主要指官方或社会组织正式发表的重要文件或报告，多以"白皮书"命名。在中国，"皮书"这一概念被社会广泛接受，并被成功运作、发展成为一种全新的出版形态，则源于中国社会科学院社会科学文献出版社。

皮书是对中国与世界发展状况和热点问题进行年度监测，以专业的角度、专家的视野和实证研究方法，针对某一领域或区域现状与发展态势展开分析和预测，具备权威性、前沿性、原创性、实证性、时效性等特点的连续性公开出版物，由一系列权威研究报告组成。皮书系列是社会科学文献出版社编辑出版的蓝皮书、绿皮书、黄皮书等的统称。

皮书系列的作者以中国社会科学院、著名高校、地方社会科学院的研究人员为主，多为国内一流研究机构的权威专家学者，他们的看法和观点代表了学界对中国与世界的现实和未来最高水平的解读与分析。

自 20 世纪 90 年代末推出以《经济蓝皮书》为开端的皮书系列以来，社会科学文献出版社至今已累计出版皮书千余部，内容涵盖经济、社会、政法、文化传媒、行业、地方发展、国际形势等领域。皮书系列已成为社会科学文献出版社的著名图书品牌和中国社会科学院的知名学术品牌。

皮书系列在数字出版和国际出版方面成就斐然。皮书数据库被评为"2008~2009 年度数字出版知名品牌"；《经济蓝皮书》《社会蓝皮书》等十几种皮书每年还由国外知名学术出版机构出版英文版、俄文版、韩文版和日文版，面向全球发行。

2011 年，皮书系列正式列入"十二五"国家重点出版规划项目；2012 年，部分重点皮书列入中国社会科学院承担的国家哲学社会科学创新工程项目；2014 年，35 种院外皮书使用"中国社会科学院创新工程学术出版项目"标识。

法 律 声 明